营势

后来者居上的破局秘诀

李 骏◎著

北京大学出版社
PEKING UNIVERSITY PRESS

图书在版编目（CIP）数据

营势：后来者居上的破局秘诀 / 李骏著 . — 北京：北京大学出版社，2015.4
ISBN 978-7-301-25567-4

Ⅰ . ①营… Ⅱ . ①李… Ⅲ . ①市场营销学 Ⅳ . ① F713.50

中国版本图书馆 CIP 数据核字（2015）第 039706 号

书　　　名	营势：后来者居上的破局秘诀
著作责任者	李　骏　著
责 任 编 辑	宋智广　刘照地
标 准 书 号	ISBN 978-7-301-25567-4
出 版 发 行	北京大学出版社
地　　　址	北京市海淀区成府路 205 号　100871
网　　　址	http://www.pup.cn　新浪微博：@北京大学出版社
电 子 信 箱	ed@bgsjbook.com
电　　　话	邮购部 62752015　发行部 62750672　编辑部 82670100
印 刷 者	北京玥实印刷有限公司
经 销 者	新华书店
	787 毫米 ×1092 毫米　16 开本　13.75 印张　166 千字
	2015 年 4 月第 1 版　2015 年 10 月第 3 次印刷
定　　　价	39.00 元

未经许可，不得以任何方式复制或抄袭本书之部分或全部内容。
版权所有，侵权必究
举报电话：010-62752024　电子信箱：fd@pup.pku.edu.cn
图书如有印装质量问题，请与出版部联系，电话：010-62756370

序言

人类社会的发展有两大脉络，一是对资源的抢占，围绕地盘、矿藏、人才等资源展开激烈的争夺；二是文化的传播，借助文化改变认知，从而获得广泛认同。谁控制了资源谁就能垄断一方，谁掌控了文化谁就能雄霸世界。

凡是疆域广阔、统治长久的帝国无不是通过抢占大量资源而夺取天下的，也无不拥有强大的文化影响力。

罗马帝国控制着590万平方公里的疆域，开创了代表公民权利的元老院共和制，并孕育了举世闻名的基督教，历时400余年而不倒。

阿拉伯帝国疆域达到了空前的1 340万平方公里，是历史上东西跨度最长的亚非欧三洲大帝国，它创建了政教合一的伊斯兰教帝国，先后延续600余年。

蒙古帝国最大疆域3 300万平方公里，涵盖了1亿人口，在世界历史长河留下了草原文明的印记，绵延400余年。

大英帝国覆盖世界人口的四分之一，是近现代史上领土面积最大、维持时间最久的环球殖民帝国，领土约3 370万平方公里。它创立了君主立宪制政体，在全球推进了工业革命和工业文明，历时400余年不倒。

俄罗斯帝国疆域达到2 280万平方公里，在西方工业文明基础上创立了东正教的俄罗斯文化，直到今天它仍然保留了地球上最大的疆域，历时近200年。

美利坚合众国是当今世界唯一的超级强国，在经济、科技、教育、文化、工业等领域都处于世界领先地位。美国拥有全球实力最强大的军队，拥有高度发达的现代市场经济，拥有世界一流的文化产业和跨国文化产业集团，其总体竞争力持续雄霸全球100多年而不衰。

这些庞大的帝国为什么能够一统天下？为什么可以延续几十代、几百年而不衰？根本原因在于两点：对社会资源的持续垄断和文化制度的持续积淀。品牌也是如此，任何品牌的崛起、上位、跨越，都深深地打上了资源抢夺的烙印，都是一次品牌文化形成和积淀的过程。

可口可乐历经129年的辛勤耕耘，创造了全球每天17亿人次的消费量，成为全球销量排名第一的碳酸饮料，在全球拥有48%的市场份额，使每个人都因为可口可乐而认识美国，成为美国文化的一个象征。

宝洁公司历经170多年的发展，全球雇员近10万，300多个品牌的产品畅销160多个国家和地区，成为全世界最大的日用消费品公司之一，是世界日化产业的航母和标志性品牌。

微软是世界PC机软件的先导，开发了世界著名的Windows操作系统和Office系列软件。目前是全球最大的电脑软件提供商，2014年世界500强排名第104位。

奔驰100多年来一直是汽车技术创新的先行者，代表了世界著名的高质量、高性能豪华汽车的形象，是德国轿车文化的象征，成为汽车工业的楷模。

苹果公司30多年以来一直强调创新的品牌文化，目前是全球市值最大的公司，2014年世界500强排行榜中排名第15位。

海尔在短短的30年中形成了独特的自主经营机制和服务品牌文化。目前集团全球年营业额近2000亿元，在全球17个国家拥有7万多名员工，用户遍布世界100多个国家和地区，成为中国品牌全球化的一面旗帜……

  大到一个国家、一个民族，小到一个企业、一个品牌，它们的快速崛起都与强大的文化融合密切相关。而文化的融合来自于广泛的社会认知，因此解决认知问题是确保基业长青的核心所在，品牌认知尤其如此。

  营销的核心问题一直是围绕着解决认知展开的。以往的营销侧重于品牌从无到有、如何提升形象，核心在于如何建立品牌认知，途径是通过投入大量资源、持续强化认知来实现这个目标。随着各行业品牌化的深入，越来越多的品牌后来者和弱小品牌出现，如果它们沿袭以往品牌的做法，就会面临着品牌重新建立这样一个非常漫长的过程，同时胜算也越来越低。因为现在的营销环境与20年前相比，媒体数量增加了10倍，竞争品牌数量增加了10倍，广告投放的数量也增加了10倍，媒体的价格增加了10倍，广告效果被稀释了10000多倍，今天做营销要付出比20年前万倍的努力才能够获得相同的回报；同时已经建立起品牌优势的企业，通过其掌控的巨大资源可以确保在竞争中继续处于优势地位。这种情况下，身处强者如林的竞争环境，资源匮乏的后来者若想出人头地，就必须采取非常规的营销手法。究竟采取什么非常规手法才能抹掉消费者固有的认知，植入自己的品牌？采取什么独特的方式才能快速深化品牌的认知？如何在不占有资源的情况下最大化地利用好这些资源？……

  笔者立足于以上问题，结合20余年的营销操盘实践，跳出行业看行业，跳出营销看营销，不断探索发现，总结出一套针对后来者创品牌的系统性理论、方法和工具体系，旨在解决以下两个核心问题：

第一，如何颠覆现有的认知

  什么是品牌？品牌就是认知。例如，提到高档轿车就是宝马，提到智能手机就是苹果，提到高档白酒就是茅台，提到食用油就是金龙鱼……

在营销世界里"只有认知，没有真相"。很多人认为，只要造出好产品，就可以卖出好业绩，这其实是一厢情愿。客户认知到的那个品牌，不一定产品是最好的，也不一定是规模最大的，但一定是认知做得很足的。电视真的护眼吗？调和油真的那么好吗？床垫真的有神奇助眠功效吗？那么多的中华老字号，为什么在市场竞争中没有存活下来呢？

因此，真正的垄断，不在于资金、技术、产品、渠道、媒介，而在于品牌认知，营销的核心就在于改变认知。

2003年以前，凉茶只是一个具有特定功效的地方性饮料。然而经过加多宝集团的市场教育，人们已经广泛接受"凉茶"这一概念。短短10年，加多宝集团将凉茶市场做到400亿元以上的规模，加多宝成为一款畅销全国的大众饮料。

过去我们买一件衬衣，往往要穿两年以上的时间，凡客诚品改变了大家对衬衣的认知，将它重新定义为快速消费品，最好一次买5件，每天换一件。正是对衬衣认知的颠覆，凡客诚品第一年销售额达到3亿元，第二年实现了100%的增长。

过去我们都认为"媒体都需要内容"，然而分众传媒改变了这一认知，成为全世界第一家没有内容的媒体，在短短两年内登陆美国纳斯达克，成为纯广告传媒第一股，并以1.72亿美元的募资额创造了当时的IPO纪录。

以前我们喝咖啡就去星巴克，星巴克告诉我们"咖啡厅是让人来休闲的"，来自台湾的"85度C"却提出"咖啡就是咖啡，可以拿走喝"，颠覆了我们对咖啡的传统认知。从2007年上半年进入中国内地，"85度C"在内地已经开了29家店，单店月平均营业额120

万元，单店净利润率20%。

"面包新语"改变了"面包就是为了吃饱肚子"这一传统认知，面包不再是面包，而是代表了一种时尚和文化。5年多的时间，"面包新语"已经在上海、北京和深圳等城市开了100多家直营店和加盟店，每年20%的增长率，净利润10%。

使用洗衣机洗衣服都是需要添加洗衣粉的，海尔2004年推出了不用洗衣粉的洗衣机，改变了消费者认知，在价格比竞争对手高1000元以上的情况下，还卖得比他们还火。

太阳能热水器是用来洗澡的，2014年四季沐歌颠覆了这一传统认知，不仅能洗澡，还能发电、照明，就像智能手机都具有拍照功能一样，短短半年销售额已经过亿元……

品牌的至高境界就是宗教。没有千年的企业，但有千年的寺庙。北京法源寺建于公元696年，距今1300多年的历史；河南少林寺建于公元495年，距今1500多年的历史；浙江灵隐寺有1600多年的历史；上海法华寺距今有1700多年的历史……与这些寺庙比起来，宗教则更是源远流长了：佛教诞生了2600年左右，即公元前6世纪，到现在我们还没有看到过哪个企业在公元前诞生的吧。

由认知到信任，由信任到信仰，宗教直接把信念变成信仰。领袖品牌与普通品牌的差距在于前者有信念，并把自己的信念复制给自己的团队，甚至是自己的客户。当乔布斯成为一尊佛像，他的果粉就不会消失，苹果就能成为最持久的品牌。不管你服不服气，这就是品牌认知，认知大于事实，认知带来信念和信仰，继而成就品牌。

第二，如何才能快速上位

这是一个"快鱼"吃"慢鱼"的时代，谁快谁生存，这是自然界的生存法则，也是企业的生存法则！速度已经成为竞争的关键要素，速度快不快、效率高不高，同样可以决定品牌的成败。

30多年前，深圳提出了"时间就是金钱、效率就是生命"，凭借令世人惊叹的"深圳速度"，大胆走出去，整合利用全球市场和全球资源，为中国提供了一个具有鲜明时代特色的经济发展模式，"深圳速度"创造了一个城市发展的奇迹，成为中国改革开放的重要标志。

在中国的民营企业中，发展速度能用"可怕"这个词来形容的，蒙牛算是其中一家。

1999年蒙牛成立，当年销售收入仅为0.37亿元，2003年就飙升至40.7亿元，增长了100多倍，年平均发展速度高达323%！短短六年时间，蒙牛的国内品牌排名由第1116位上升为第2位，创造了在诞生之初1 000余天里平均一天超越一个乳品企业的营销奇迹！"蒙牛速度"也因此被誉为"火箭速度"。

蒙牛在向全国性品牌进军时，瞄准了中央电视台这个宣传平台，采取高投入、高密度的媒介投放战略，在很大程度上节约了蒙牛追赶竞争对手的时间成本。牛根生认为"不能高速成长，就只能高速灭亡"。凭借这一信念，在与敌人抢占制高点时，蒙牛总是早到"5分钟"。

王老吉2003年一改区域性做法，全面铺向国内市场，短短1年时间内，红罐销量激增400%，年销售额从此前的每年1亿多元猛增至6亿元，随后迅速成长为一个全国性的强势饮料品牌，2012年突破200亿元，形成了中国营销独特的王老吉现象。

豆浆机一直是个不温不火的小众市场，2008年突如其来的"三聚氰胺"事件，让大量习惯了喝牛奶的消费者开始寻找替代品，豆浆机市场一下子进入了爆发期。九阳快速抓住这个发展机遇，产销量一举超过1000万台，创造了连续三年年均179%的超高增长率，稳居行业第一位，夯实了九阳的王者之位。

在太阳能热水器市场，四季沐歌在短短几年时间内上演了"新能源速度"，销量、市场份额、品牌影响力实现了"一年一大步、三年大飞越"，更被一些同行誉为"坐着飞船冲上来的一颗行业新星"。

2012年福布斯年度发展速度最快的公司排行榜，全球有超过5 000家科技公司参与评比，苹果取得了年均增长幅度为43%的好成绩，位列第二名，尤其是苹果公司总收入为1 423.6亿美元，比榜内其他公司高出不止一个层次，形成了压倒性的优势。在企业市场上，电脑行业的整体增长率仅为8.5%，而Mac苹果机的增长率却超过了66%。乔布斯将"速度营销"深植于苹果，只用了短短15年就将苹果打造成为全球市值最大的公司，创造了独一无二的苹果奇迹。

为什么蒙牛、王老吉能够快速蹿升？为什么九阳能够爆炸性增长？为什么四季沐歌创造了新能源速度？为什么苹果在市场基数很大的情况下仍能跑出百米冲刺的速度？这其中既有天时、地利，又有人和；既有机遇，又有谋略。天时和地利体现了一种社会大趋势，人和则是资源整合力的高低。

蒙牛之所以迅速地发展成为规模过400亿的企业，就是因为抓住了牛奶全国性普及的社会大趋势，然后整合航天员、超级女声等社会资源集中将市场引爆；九阳正是紧紧抓住了三聚氰胺这个社会热点事件而迅速崛起的；四季沐歌之所以短短几年内异军突起，并最终奠定行业品牌第一这一地位，就在于抓住了渠道下沉的大趋势和家电下乡这个社会热点事件，通过联手航天、团中央、央视等资源而刷新了新能源速度；苹果正是乘着发展中国家智能手机迅猛发展的强势东风，大举进军中国、印度等新兴市场而抢先占据了市场先机。

因此，一个品牌要想成功，除了自身的主观因素之外，还需要借助外部客观的力量。这个外部的力量就体现了一种"势"：要么是社会发展的大趋势，要么是一个突发事件，要么是相关行业的大爆发……

2008年，当奥运的五环旗降下之后，人们蓦然发现，除了个别品牌赚足了眼球外，大量的品牌都成了陪衬。大量的投入、大量的策划，似乎都被淹没掉了，仔细回想一下就可以明白是因为没有做足"势"。同样的资源、同样的舞台，为什么有的企业能够抓住势而多数却抓不住势？为什么看似抓住了势却反而又被别人超过去了？如何才能够持续产生势的爆破性效果？带着这些问题，读一读拙著，静下心来对照企业营销面临的困局，或许就能豁然开朗，有所顿悟！

这是一本系统论述如何低成本、高效率打造品牌的战略、策略、实操的原创性工具书。它立足于我们20年的营销实践总结，观点解读加上娓娓动听的故事情节，为品牌后来者实现快速破局提供了非常好的借鉴。

有三个苹果改变了世界，第一个苹果当属亚当、夏娃的苹果，它创造了人类；第二个为牛顿的苹果，它砸出了著名的万有引力定律；第三个苹果是属于乔布斯的苹果，他融入了当代人的日常生活。我们期待着第四个苹果，或许这本书能给大家一点启发和借鉴！

李骏

目录 CONTENTS

第一章 势与营势 1

    关于势 3
    关于营势 13
        品牌势 14
        产品势 20
        渠道势 23
        活动势 26
        团队势 30

第二章 营势就是做整合 33

    无边界创新整合理论与"三个凡是" 35
        三个"凡是" 39
        无边界就是跨界思维 49
        无边界创新整合在于交换 52
        无边界创新整合更在"消化" 55
    牵手北大,定出身 57
        牵手北大,获得品牌DNA 57
        发掘价值,市场换技术 60
    携手航天,嫁豪门 61
        品牌帽子理论 61

捕捉热点，挖掘金矿 63
　　　全方位引爆航天价值 65
　借势低碳，扬帆起航 69
　借力央视，晋级贵族俱乐部 71
　　　逆市踩油门，找准大舞台 72
　　　洞察需求，强势出击 73
　　　弯道超车，从唯一到第一 75
　联手团中央，跻身大公益 78
　　　借势团中央 79
　　　阳光助学，打造生态圈 80
　缔结世界500强，从伴舞到共舞 82
　　　从资源整合到资源挑选 82
　　　资源的抢位与占位 84
　围绕品牌使命做整合 86
　　　围绕内涵做加法 88
　　　助推行业做整合 93

第三章　营势就是聚能量 97

　聚焦一个点饱和轰击 99
　　　能量改变心智 101
　　　饱和攻击一个点 104
　　　以点带面做营销 109
　　　打造样板根据地 110
　　　打造令客户尖叫的产品 113
　　　成功秘诀：只做一件事 114
　用速度袭击市场大鳄 116
　　　闪电拿下世博会 119

| 抢食家电下乡盛宴 121
| 第一个响应做公益 123
用规模冲击消费认知 124
| 百台巡展极限战 125
密集分销，积聚势能 130
| 渠道下沉抢先机 130
| 集镇分销，做短渠道 132
| 经营 1+X 金网络 133
| 强化存在，累积势能 137

第四章 营势就是建模式 139

乡镇割草模式 141
| 乡镇割草模式的由来 141
| 乡镇割草模式的四个步骤 143
| 乡镇市场实战模板 146
| 乡镇割草模式的效果 148
城乡联动模式 150
粮食换太阳能模式 154
| 粮食换太阳能操作示意 154
会议营销模式 156
"村晚"模式 157
客户主动登记模式 158

第五章 营势与平台思维 161

造平台就是打造生态圈 163
| 点思维、线性思维和平台思维 163

营销 3.0 与经营生态 173
经营品牌的三张"嘴" 175
微创业平台 177
"乡镇综合体"平台 180
社区 O2O 平台 182
"城市热水银行"平台 186
平台化运营，做品牌运营商 190

结语 营势是一个开放的体系 195

附录 品牌营势体系 199
致谢 205

第一章　势与营势

古语云:"观千里不能自顾其耳,举千钧不能自拔其身。非目不疾、力不及也,势也。得势者成,缸中水有形无势,水若得势,排山倒海;不得势者则借势,借天势、地势、人势。"

意思就是说,一个人就算是千里眼,也看不见自己的耳朵;能举起千斤重的物品,也不能把自己举起来。这不是眼力和力气不够,而是因为"不得势"。

事实上,很多企业做营销未获得成功,某种程度也不是实力或能力的问题,而是缺少"势"。

关于势

识势、造势、借势的目的在于有效地用势，从而提高效率、降低成本。

"三流企业做事，二流企业做市，一流企业做势。"营销的本质就是"营势""谋势"。"谋势者"方能执市场之牛耳，花小钱办大事。简单地说，"势"就是可借助的某种事物或事件的力量，如攀登高山可以借助索道的势，托起重物可以借助千斤顶的势，坐地日行八万里可以借助地球的势。企业界的经典案例有：农夫山泉借势希望工程，蒙牛酸酸乳借势航天员、超级女声，王老吉借势汶川赈灾，非官方赞助的李宁借势北京奥运会，等等。用郭德纲相声里的话说，营势就是"平地抠饼，对面拿贼"，是属于高段位的游戏，完成一般营销方式几乎"不可能完成"的任务。

势有千姿百态。有迅雷不及掩耳之势，乃速度势；有千军万马如卷席之势，乃规模势；有轰轰烈烈、大张旗鼓之势，乃能量势；有四面楚歌之势，乃氛围势。识势、造势、借势的目的在于有效地用势，从而提高效率、降低成本，实现四两拨千斤之效。

势是无形的，可运用于一切事物，可大可小，可正可负。当行动不能逆转形势时，需顺势而为，调整方向；当行动受形势影响很大时，要见势而动，把握机会；当形势远远高出行动时，不妨因势取利，从胜利走向更大胜利。

整体概括下来，势有两种。

第一种　趋势

包含国家政治、经济政策、重大事件、行业与市场发展走向、科技潮流、时尚潮流、新生事物等。柳传志曾告诫企业家要学会看天气预报，他说的天气预报就是指国家政治方向、宏观经济形势。国内商界有句话："要想把握经济局，必须关注政治局。"可见政治局势对国家经济的影响程度之深。

2012年年底，中央连续发出改进工作作风"八项规定"后，一场前所未有的"厉行节约"风暴席卷而来，一些高端餐饮企业不得不改变营销思路。

〔案例〕**政治对餐饮业的影响**

> 作为一家上市公司，湘鄂情遭受重大冲击，2013年净利润亏损5.64亿元，比上一年度下降了789%，是其历史上亏损最为严重、经营最为困难的一年，其股价也不断下跌。为了应对不利局面，从2013年2月起，湘鄂情对酒楼经营政策进行了大幅度调整，包括取消高价菜、主推亲民价位菜品、取消包房服务费等。
>
> 继湘鄂情后，另一家上市公司小南国业绩也出现大幅下滑，2013年年报显示，公司营收13.86亿元，同比增长4%，

> 净利润为 67.1 万元，同比下降 99.4%。在此背景下，小南国也放缓了旗下高端品牌慧公馆的扩张速度，向大众餐饮品牌转型。
>
> 老字号餐饮企业全聚德也没能逃过这一场风波，"尴尬"业绩还在持续。2013 年业绩快报显示，公司全年实现营业收入近 19 亿元，同比下降 2.32%；净利润约 1.09 亿元，同比下降 28.4%，遭遇 5 年来表现最差的年度成绩单。

更值得注意的是，受"节俭令"影响的并不仅仅是餐饮业。没有了政府埋单，上万家小演出公司面临被"冻死"的境地。在反腐浪潮下，还有哪些仰仗公款消费的行业或将被大势打翻？

势还体现在重大科技革命带来的冲击上，形成不可逆转的滚滚浪潮，推动社会发生翻天覆地的变化。蒸汽机的出现促使手工作坊转变为机器大工业，改变了人们的生活和工作环境，真正意义上的社会化大生产逐渐形成，从 18 世纪中期持续到 19 世纪中期，历时 100 年。第二次工业革命从 19 世纪下半叶持续到 20 世纪初，科学技术的发展突飞猛进，各种新技术、新发明层出不穷，大大促进了社会经济的发展，历时 50 年进入到电气时代。

与工业革命不同，互联网对现代社会的冲击不仅猛烈而且迅速，从制造业到服务业，再到日常生活无一例外。我们的生活发生了巨大的变化，吃饭先美团，打车用快的，转账用微信，存款不再上银行。万科成立 30 年才做到 2000 亿元，房多多仅用 3 年就做到了 2000 亿元；微信正迅速打劫中国移动；小米大踏步追赶格力；支付宝、余额宝等"宝宝"们开始颠覆现有的银行业。

一个又一个传统的制造业、商业在互联网的冲击下倒下。互联网正在快速颠覆传统产业，快速催生新兴产业，快速重构所有行业。

这已经是现实，已经是潮流，已经是趋势。截至目前，中国互联网行业在中国香港、内地以及美国共诞生了近四十家上市公司，成就了一大批掌舵人：如1964年出生的马云、1968年出生的李彦宏、1969年出生的雷军、1970年出生的周鸿祎、1971年出生的马化腾，这一拨人都是出生在1964—1973年的十年之间，他们快速抓住了互联网大势的发展契机。

2014年福布斯中国富豪榜新鲜出炉，马云、李彦宏、马化腾这三位互联网巨头包揽前三，多年来房地产商占据榜首的历史从此改写。这则新闻明白无误地告诉人们一个信息：互联网的到来使得财富源头已经发生了深刻的变化。当人们津津乐道谈论阿里巴巴在美国敲响上市钟声那刻所诞生的一个拥有亿元财富级别的巨富群体时，我们更要看到的是阿里巴巴带来的经济发展、社会转型、文明进步、生活变化的巨大效应。

2014年11月"双11"光棍节销售额达571亿元，阿里巴巴再次创造了全球商贸市场的最大奇观。75秒，成交额超过1亿元；2分钟，总成交额超10亿元；38分28秒，总成交额超100亿元；13小时31分，总成交额超过了去年全天的350亿元；24小时，最终销售额571亿元，开启了商业市场的第一大奇观。电商已经颠覆传统商业模式，开启了全新商业模式。

无视社会大趋势、逆势而行的例子也是不胜枚举。已经跌出世界500强榜单的柯达，在1991年的时候，技术领先世界同行10年，但是在2012年1月破产，被数码相机淘汰了；当摩托罗拉还沉醉在V8088的时候，不知道诺基亚已迎头赶上；当诺基亚还注重低端机市场时，乔布斯的苹果已经潜入；当中国移动沾沾自喜为中国最大的通信运营商时，浑然不觉微信客户已突破4个亿；当中国银行业赚得盆满钵满、高歌猛进时，阿里巴巴已经推出网络虚拟信用卡；

当很多人还在想租个门面房做个小生意时，阿里巴巴淘宝电子商务已经超过一万亿的销量，逼得苏宁、国美这些传统零售巨头不得不转型，逼得李宁服装关掉了全国1800多家专卖店，连天上发了卫星的沃尔玛都难以招架。

所以，每一次新趋势的到来，都会造就一批富翁！每一批富翁都是：当别人不明白的时候，他明白自己在做什么；当别人不理解的时候，他理解自己在做什么；当别人明白了，他富有了；当别人理解了，他成功了。

第二种 优势

因天时和地利而拥有势能。所谓的势，就像圆木从万丈高山上滚下，来势凶猛。《孙子兵法》曰："激水之疾，至于漂石者，势也。"湍急的河水，飞快地奔流，以致能冲走巨石，这就是因流动优势产生的巨大力量。

势如满弓待发，节如箭矢突发，猛禽捕食使猎物摧筋断骨，在于迅猛的节奏。势如破竹，出自《晋书·杜预传》："今兵威已振，譬如破竹，数节之后，皆迎刃而解。"意即得势就像劈竹子，头上几节破开以后，下面各节顺着刀势就自动分开了。比喻作战或工作在拥有了巨大优势后，接下来就可以顺着这种优势取得节节胜利。

三国末年，曹魏灭掉蜀国，司马氏又夺取魏国政权，司马炎称晋武帝，准备出兵攻打东吴，实现统一全国的愿望。他召集文武大臣们商量灭吴大计。多数人认为，吴国还有一定实力，一举消灭它恐怕不易，不如有了足够的准备再说。

大将杜预不同意多数人的看法，写了一道奏章给晋武帝。杜预认为，必须趁目前吴国衰弱，赶忙灭掉它，不然等它有了实力就很难打败它了。司马炎看了杜预的奏章，找自己最信任的大臣张华征求意见。张华很同意杜预的分析，也劝司马炎尽快攻打吴国，以免留下后患。于是司马炎就下了决心,任命杜预作征南大将军。公元279年,晋武帝司马炎调动了二十多万兵马,分成六路,水陆并进攻打吴国,一路战鼓齐鸣,战旗飘扬,战士威武雄壮。第二年就攻占了江陵,并乘胜追击。在沅江、湘江以南的吴军听到风声吓破了胆,纷纷打开城门投降。司马炎下令让杜预从小路向吴国国都建业进发。此时,有人担心长江水势暴涨,不如暂时收兵等到冬天进攻更有利。杜预坚决反对退兵,他说:"现在趁士气高涨,斗志正旺,取得一个又一个胜利,势如破竹(像用快刀劈竹子一样,劈过几节后竹子就迎刃破裂),一举攻击吴国不会再费多大力气了!"于是晋朝大军一鼓作气攻下吴都建业,孙皓出降,晋武帝统一了全国。

　　善于营势者,劣势可以变为优势;反之,优势则变为劣势。楚汉争霸中,项羽是一代英雄,气盖寰宇;刘邦是一代王者,威加四海。两人皆在秦末起义中称为英雄,他们之所以成功有两个共性,即有野心、顺时势。所谓"时势造英雄"也,他们都是能够把握秦朝暴政、天下大乱、群雄起兵之大势的英雄。但随后项羽不能在关键时刻把握局势和自身优势,也是其失败的真正原因,此所谓成也在势、败也在势。

　　出色的军事家懂得运用势,几十万军队,就号称百万,一路浩浩荡荡,掩杀而去,令敌军心惊肉跳,不战自溃。出色的企业家更懂得借势、造势,突发的重大事件、公众关注的热点新闻,往往会带来相当可观的社会效益和经济效益。精明的商家借助这些资源大做文章,就可以快速提升企业声誉,收到出奇制胜的效果。

营势关键点:

出色的企业家更懂得借势,突发的重大事件、公众关注的热点新闻,往往会带来相当可观的社会效益和经济效益。

2014年索契冬奥会开幕式，突发的五环变四环本来是个重大过失，引发众人纷纷吐槽，但却成为诸多企业争相模仿的借势营销事件。除奥迪因为 Logo 的相似性获得了特别的关注外，红牛顺势快速跟进，双关的广告语"打开的是能量，未打开的是潜能"一时间成为商界经典的传播案例（见图1-1）。

图1-1　红牛的广告

当今市场经济，"凡人谋利，智者谋势"。成功的企业家要审时度势，善于把握社会发展的脉搏，把握产业发展的趋势；要具备开放的视野、强烈的危机意识和高瞻远瞩的眼光。在内外环境均不成熟时，就要循势，一旦天时、地利、人和，形成了势，就要果断地取势，所谓"顺势而为，无往不利"也。

红顶商人胡雪岩之所以能够在兵荒马乱、经济萧条的晚清商场中如鱼得水，就是因为他不仅深知官场中权力与生意的关系，而且更善于取势和用势，巧妙地借助权力为自己的生意保驾护航，从而成为晚清头号大官商。他对自己成功之道的总结为："吾行商之顺，缘于能与机遇、时势并行走，善驾时事，于势取利。"这是商场"取势"之例证。

由此看来，无论是打仗还是经商，都必须顺势而为，顺势方能无往不利。有势者需用势，无势者需造势，无力造势者需借势。

互联网时代更需要营势。网络的迅速发展使得社会的关注由线下转移到了线上，鼠标随便一点就可以发表评论、参与传播、扩大交流互动，每一个帖子、每一个话题都蕴含了巨大的能量，都是一个个宝藏，为制造热点事件提供了诸多便利。随便一件事，一旦在网友间、圈子里引起关注，便像感染上了"病毒"，瞬间就可以掀起了一个火热的事件，引爆社会舆论的火药桶，快速造就一个品牌的崛起。

[案例] 蓝翔火了

> 先看几个关于蓝翔挺火的帖子吧：
>
> （1）天苍苍，野茫茫，挖掘技术哪家强？可汗问所欲，木兰不用尚书郎，愿驰千里足，挖掘技术哪家强？
>
> （2）网上盛传蓝翔校长荣兰祥在2014年毕业典礼上讲的一段话：
>
> 　　同学们，咱们蓝翔技校就是实打实地学本领，咱们不玩虚的，你学挖掘机就把地挖好，你学厨师就把菜做好，你学裁缝就把衣服做好。咱们蓝翔如果不踏踏实实学本事，那跟清华北大还有什么区别呢？
>
> （3）2010年2月18日，《纽约时报》发表文章称，中国山东蓝翔高级技工学校组织黑客，轻松完爆谷歌各种防御机制。文章称："有两所中国教育机构被追查到与一系列针对Google公司和其他几十家美国公司的在线攻击有关，其中一所还跟中国军方有密切关系……这两所中国学校分别是上海交

通大学和蓝翔技校，后者是山东济南一所由军方支持建立的大型职业培训学校，为军方培养计算机科学人才。"[1] 所以，蓝翔完爆 Google，写成公式就是：蓝翔≥谷歌。根据条件"蓝翔＞谷歌，谷歌＞清华"推导出结论：蓝翔＞清华。

（4）就业率：清华98.5%，蓝翔100%。中国目前面临最严重的大学生就业问题。目前全国毕业生签约率不足40%。来自清华官方的信息："2013年，清华大学毕业生共6 644人，总体就业率为98.5%，其中，本科毕业生就业率为98.1%，硕士毕业生就业率为98.7%，博士毕业生就业率为99.1%。"在蓝翔的官方网站上有这样一句话："就业率100%，还没毕业，用人公司抢着要。"……

蓝翔，创办于1984年10月。学校设有汽修、美容美发、厨师、电焊、挖掘机等8个专业、60余个工种，能培养初、中、高级技工和预备技师，年办学规模达3万余人，累计已为社会培养各类技能人才40余万人

蓝翔的火，源自于其善于借势、造势的段子推手们。"挖掘机到底哪家强？中国山东找蓝翔"，是许多段子的标配式结局，俗称"蓝翔体"。近来多起关于蓝翔的新闻，如"副校长率百人跨省，与校长岳父斗殴"，一时间"打架斗殴哪里强？不看广告找蓝翔"等调侃纷至沓来。

在波涛汹涌的网络大背景下，蓝翔事件与调侃的段子、视频不谋而合，在网上形成病毒性传播，一时间凝聚了强大的社会传播能量。蓝翔广告人员还曾把影视剧、媒体、网友"免费给蓝翔做的植

---

[1] 关于《纽约时报》等媒体的这一报道，中国外交部发言人秦刚严正指出，指责中国政府和黑客攻击行为有关联、幕后支持黑客行为的说法是不负责任和别有用心的。——编者注

入广告",剪成了一部半小时的片子,在网上传播。而借势清华北大,也是蓝翔擅长的。当全民冰桶挑战大热之时,蓝翔方面就拍了部视频,"蓝翔学生用挖掘机完成冰桶挑战,点名清华北大"。

2013年8月,关于"济南百余农民凭电焊手艺拿澳洲绿卡"的报道引起了关注,报道中的农民就是从蓝翔技校毕业,成功完成逆袭的。"你有蓝翔技校的美容美发毕业证书吗?"在电影《失恋33天》里,男主角王小贱要给黄小仙剪发,不放心的黄小仙皱着眉头对王小贱发问。而在电视剧《老米家的婚事》里,演员马丽操着一口东北腔调侃,自己"高考一二三志愿都被改成了蓝翔技校"。可见热门电影电视剧,也是蓝翔从不放过的。

如今,各种网络段子手在引用这个段子时,已不必再交代蓝翔,而只需抛出"于是我们就要问了",即可甩出高质量的梗。

还有一个不可思议的案例是,几名孩子在北京朝阳公园玩挖掘机的照片走红网络,有挖掘机的地方,自然不可避免地要跟蓝翔扯上关系。"这是蓝翔办的吗?"不时有游客提到蓝翔。

蓝翔的火与其说是顺势,倒不如说是擅长造势,蓝翔踏准了互联网滚滚前行的节拍,将聪明才智巧妙地嫁接到社会话题和时事当中,顺利搭上了社会舆论的轿子,产生了事半功倍的效果。

营势关键点:

要营销先营势,势如破竹,势到自然成。

关于营势

> 营势的本质就是借力,即借助趋势的东风,
> 借助杠杆的力量,借用他人的智慧。

孙子在《孙子兵法·势篇》中讲道:"故善战者,求之于势,不责于人,故能择人而任势。"意思就是:善于用兵作战的人,总是从自己有利的作战态势中追求胜利,而不苛求部属以苦战取胜,所以能够利用和创造破敌的有利态势。孟子说:"虽有智慧,不如乘势。"道家也有"知其力,用其势"的说法。可见,古人早在 2 000 多年前就懂得如何借助和创造"势",来实现不战而屈人之兵。

社会的进步、科技的发展,使得我们可以借助的资源越来越多,也越来越便利,以往想都不敢想的事情已经成为现实。借助潜艇和火箭的势,就可以快速实现上天入海;借助遥控仪和挖掘机,就可以实现古代愚公移山的梦想;借助电话和手机,就可以轻松实现"千里眼""顺风耳"的超级本领,科技的发展使人们乘上了越来越大的势。

营势的本质就是借力,即借助趋势的东风,借助杠杆的力量,借用他人的智慧。如果任何问题都靠自己去钻研、任何能力能靠自己来培养的话,是需要浪费很多时间和金钱的,此所谓借力使力不费力!

〔案例〕

> 英国大英图书馆藏书非常丰富。有一次图书馆要搬家,从旧馆搬到新馆运费要几百万,耗资巨大,而且图书馆一时也拿不出这么多钱。有人给馆长出了个主意。图书馆第二天在报纸上刊登了一则广告:"即日起每个市民都可以免费从本馆借10本书。"结果许多市民蜂拥而至,没出几天就把图书馆的书借光了。书借出去之后怎么还呢?要按期还到新馆来。就这样一折腾,图书馆就借市民的力量顺利实现了搬新家。

可见借力不仅仅是一种能力,也是一种勇气,更是一种智慧。在企业营销过程中,就要整合来自各方面的资源为产品销售助力、为品牌形象加分。从营销的角度来看,主要包括以下几种势:

营势关键点:

营销就是营势,营势就是借力,要抱着双赢的思想去借力。

品牌势

如果说产品是船,那么品牌就是帆,船若要快速行进,除了自身动力之外,还必须借助帆的力量,帆越大,带动船的力量就越大,船行走起来就越省劲。就如同人站在巨人的肩膀上,从而使自己更强大。

品牌有大有小,也分三六九等。不同的品牌有不同的血统;品牌也分档次,不同档次的品牌有不同的能量,对应不同的人群。

我们将品牌按影响力强弱分为4个档次（见图1-2）：区域品牌、知名品牌、强势品牌、卓越品牌。每个品牌都有着独特的血统和基因，这些血统和基因对应着不同阶层的消费群体，指向了不同的"生活圈子"，锁定了不同的价格层次，进而积淀成了各自的品牌文化基因。

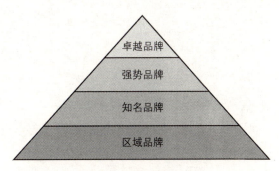

图1-2　品牌的四个档次

法国著名奢侈品牌路易威登（LV）充分把握了上流社会对时尚风潮和美学的追求，使得LV从一个"行李小子"发展成为今天的"贵族品牌"，从而享誉全世界。

〔案例〕从"行李小子"到"贵族品牌"

> 160多年前，LV的创始人是一名为名流贵族收拾行李的学徒，他的职责就是学习和制作行李箱的内部区域划分，做内格设计。他体会到圆形皮箱在旅途中非常不方便，于是创造了方格子皮箱，其最早推出的Trianon，使用的是棕色和米色相间条纹的帆布。这种方顶的、内部具有分区储藏功能的真皮旅行箱被欧洲皇室广泛订购，订单纷至沓来，小学徒凭借自己独到的设计风格，立刻成了"皮箱明星"，成为活跃在"贵族圈"的行李小子！

> 1852年，拿破仑二世的皇后特招"行李小子"进宫为皇室提供服务。这个时候，LV开始享誉法国上流社会。1854年，LV在法国开设了同名品牌的专卖店，成为法国唯一一个不打折的品牌。
>
> 一个多世纪以来，上流社会对时尚风潮和美学的追求不断在变化，LV依靠捕捉上流社会的审美变化而不断变化产品，并设计出了符合明星、贵族、上流社会心目中最经典的字母组合与四叶草图案，在上流社会圈逐渐流行起来，并最终成为最奢华、最富有贵族气息的精神图腾，让LV从一个行李匠品牌，发展成为今天的金领品牌、贵族品牌，从而享誉全世界。

相比国际顶级品牌，中国的大多数品牌仍然处在"品牌金字塔"最基层的位置。卓越品牌之所以能够渗透到消费者的骨髓，拥有很强的品牌定价权，就是因为它们凝聚起了强大的品牌"势"，通过持续营势，营造了一种品牌的强大气场，一种过目难忘的深情厚谊，一种舍我其谁的品牌霸气，从而拥有了"客户难以拒绝、对手难以阻挡"的强大势能，实现了"品牌精致化""品牌价值化"的升华！一旦积累了强大的品牌势能，就能在激烈竞争中起到关键性的作用，就可以演变成更加强大的市场动能，犹如滚石下坡，势如破竹！

营势关键点：

卓越品牌之所以能够渗透到消费者的骨髓，拥有很强的品牌定价权，就是因为它们凝聚起了强大的品牌"势"。

营势的过程就是品牌具备的能量不断增加的过程，品牌所处的位置越高，品牌的势能就越大，就能够转化为更大的品牌动能，就能比其他品牌的产品卖得快、卖得贵、卖得多、卖得久！卓越品牌之所以卓越，就是因为常年的势能累积，使其成为客户内心货架里的优先选择权，达到"借势"筛选符合自己标准的客户。顶级品牌总是蕴含着更多的心理价值，总是处于品牌金字塔上方。越是处在品牌能位上方的品牌，其知名度、美誉度、忠诚度也越高，同时也意味着更好的感受、更愉悦的购买体验和更具吸引力的品牌文化……

经营品牌离不开3个度：即知名度、美誉度、忠诚度。简单地说，知名度是"我听说过这个品牌"，美誉度是"我喜欢这个品牌"，忠诚度是"我会继续使用这个品牌"。做品牌首先就是知名度，唯有出名，才有机会带来更多的利益。很多企业似乎都没有重视"名"，所以市场才会越来越难做。而有些人尝试了，并且成功了，发现了"名"与"利"之间的关系。可以试着想一想：如果整个卖场都能帮你卖东西，会怎么样？如果整个卖场连门口的保安都能帮你卖东西，会怎么样？到了那个时候，你还会愁客户不进门吗？其实道理很简单，当所有的人都知道你，并且都知道你在做什么的时候，你就离成功不远了。让所有的老板都知道我在销售什么样的产品，要走出去，不能每天坐着等客户上门，坐等只能等死，只有走出去，告诉别人，才有机会销售自己的产品。这就如同演员只有出名之后才有更多的机会，歌手只有出名之后才能名利双收。

品牌知名度的打造必须紧密切合受众的接触环境。当今互联网时代，网络形成了一个个实实在在的"社区"，拥有巨大的传播能量，大到可以让一个普通人一夜成名，也能让一个企业转瞬日进万金;每一个热点话题都是一吨TNT炸药,关键就在于如何植入品牌信息,并把它引爆,实现四两拨千斤之效。2009年网络热传的"北京地铁雷人文身女"事件里面明显且巧妙地植入了杰士邦,从执行成本上看,确实不用花什么钱,一个模特、一个摄影而已。从品牌知名度上看,达到了非常惊人的传播效果,可谓顺势借力,以小力胜大力。

〔案例〕**北京地铁雷人文身女**

原帖标题是"北京地铁1号线拍到的雷人文身女!(看她带着啥)",在其传播过程中发生了有趣的变化,很多编辑推荐或网友转载时,把原本隐晦和保留神秘感的标题改得更直接、更明了。例如"北京地铁1号线拍到的雷人文身女!裤兜里放着杰士邦""地铁拍到的文身女,随身携带安全套""地铁惊现心跳邦女郎,携带最新武器杰士邦""她口袋里的不是杰士邦,是寂寞",等等,这样一来,对品牌的曝光就更直接了,"杰士邦"三个字逐渐深入人心。

虽然走的还是常见的美女路线,但是事件策划者特别设计了女孩弯腰捡东西的动作,而露出了完整的文身,其实这是别有用心的,在吸引网民眼球的同时,自然也引起了大家对其口袋内将要掉出东西的关注,一切看似都非常自然,经过精心的铺垫和成功的引导,让人们一下对女孩的身份开始关注起来,一时间成为当时的热门话题。

再看传播效果,该帖迅速出现在各大小网站和论坛的首页,例如搜狐、铁血、泡泡、大旗、中国人、TOM等网站都作了推荐,很多帖子的点击都达到了数十万。其转载量也大增,

> 三天左右的时间，在Google的搜索量上已经达到了3万多篇，在百度输入"北京地铁"，相关搜索里就自动出现了该帖的完整标题，可见其转载量之大，覆盖面之广。

不知不觉中，此贴的传播帮助企业宣传了品牌，让大家看到了"杰士邦"的同时，也加深了对品牌特性的了解，从而带动和影响人们产生兴趣，搜索了解，进而购买，最终拉动销售。

产品与品牌的差别是什么？产品的市场在竞争对手的碗里，品牌的市场在目标用户的心里。拥有了知名度，还要进一步营造品牌的美誉度、忠诚度，要持续制造一些让消费者产生共鸣的东西，形成一种情感上的交流，成为消费者心中一种精神的寄托。在美国流传一句话："年轻时有辆哈雷，年老时有辆凯迪拉克，则此生了无他愿。"哈雷机车缔造的品牌崇拜神话由此可见一斑。哈雷已不再仅仅是摩托车，而是一种将机器和人性融合为一体的精神象征，并深刻地影响其目标消费群的生活方式、价值观和衣着打扮。哈雷从制造第一辆车起就潜心营造一种凝聚年轻一代梦想、反叛精神、奋斗意识的"品牌势"。又如山东省推出的"好客山东"品牌，经过近些年的持续传播，人们对于这一品牌的价值认知，已经超越单纯的旅游层面，成为一种文化载体、新闻载体、事件载体，使得"好客山东"的美誉度、忠诚度越来越强。

品牌知名度高并非意味着品牌忠诚度就高。喜欢喝茅台的人，却不会去买茅台干红；买格力空调的人，不一定会去买格力小家电；买联想电脑的人，不一定会去买联想手机；买格兰仕微波炉的人，不一定会去买格兰仕空调；……这些案例说明，即使响当当的品牌，甚至第一品牌，都要打造品牌忠诚度，这是品牌经营的永恒话题！

🌀 产品势

一个球体放在坡顶上,就具有了势能,稍一推动,球体顺势而下,就能立即滚动起来;如果球体放在坡底,让其向上滚动,必须向上施加外力才行。球体就如产品,有的产品需要在市场投入巨大的力量才能做起来,有的产品稍一用力,市场就可以启动起来,差别就在于是否得势。

产品可以通过营销运作,由导入期很快进入成长期,并逐步形成稳定的销售增长趋势,这可能是所有企业都愿意看到的状况。但事实上,很多企业的产品往往是刚刚投放市场,便很快失去了踪影,其主要原因是在市场运作初期没有很好地"营势"。而北京富亚涂料,则通过一场成功的造势,使得该产品短时间内响彻大江南北,顺利打开了全国市场,成为行业佳话。

〔案例〕"富亚涂料",一喝成名

> 2000年10月8日,一家名为富亚的涂料公司在《北京晚报》上打出一则通栏广告:10月10日上午,在北京市建筑展览馆门前开展"真猫真狗喝涂料"活动。广告一刊出,即在社会上引起轩然大波。
>
> 10月10日上午,北京建筑展览馆门前挂起了"真猫真狗喝涂料 富亚涂料安全大检验"的横幅,一猫三狗准备就绪,公证员也已到位。但活动受到动物保护协会成员和国际爱护动物基金会的抗议,他们与同伴一起在现场举起标语,要求立即停止动物喝涂料的实验。现场秩序很乱,围观者越聚越多,眼见"真猫真狗喝涂料"活动就要泡汤。

> 这时富亚公司总经理蒋和平大义凛然地宣布：考虑到群众情绪，决定不让猫和狗喝，改为人喝涂料，他亲自喝。话音刚落，场内顿时鸦雀无声。在两名公证员的监督下，蒋和平打开一桶涂料，倒了半杯，在四周观众直勾勾地注视下，咕咚咕咚喝下。
>
> 蒋和平这一"悲壮"的行为赢得了极大的新闻效应。当时，新华社播发了一篇700字的通稿《为做无毒广告，经理竟喝涂料》，此后媒体纷纷跟风，"老板喝涂料"的离奇新闻开始像野火一样蔓延。不仅北京市的各大媒体竞相报道，全国各地的媒体也纷纷转载，一时间成为社会的焦点话题。

这真的是一个突发的经济新闻吗？非也，这是一次精心的布局，巧妙借了媒体的势、公证处的势、动物保护组织的势，以及现场观众的势，然后集中引爆，形成了一个巨大的社会新闻题材。

产品势还体现在对消费者痛点的挖掘上。一个产品是否优秀，是否具备"势"，就在于它能否点燃消费者心中的欲望，撩拨他们内心的那块"痒痒肉"。如果不能洞察他们的欲望，就很难让产品与消费者之间干柴烈火、如胶似漆。良好的产品体验本身就是势，如运用物联网技术，成功实现了太阳能终端应用的数字化操作，通过 iPhone 或 iPad 就能对其热水系统进行远程控制，通过加入时尚流行元素和功能，对太阳能行业实现又一次颠覆。2013年，四季沐歌新研发的发电太阳能，重新定义了太阳能热水器，成为太阳能的新标配，今后不带发电功能的太阳能热水器就不是真正完整的产品，就像手机没有拍照功能就不叫手机一样，从而引领消费者购买的新标准。

2013年，我在走访安徽市场，看到夜里的乡村尤其是山村都很暗，而且经常面临着停电的困扰，一旦停电，就是一整片的黑暗，非常不方便。当时我在想，太阳能热水器提供热水，提供采暖，为什么不能在此基础上，再增加发电功能呢？正是基于这个大胆设想，2014年四季沐歌开发了发电太阳能热水器。该产品在解决热水的同时，也解决了照明。"如今，在乡村，谁家的太阳能又能洗澡，晚上又能照明，让院子里亮堂堂的，这是很荣耀的事情，觉得特有面子。"一个设想开创了一个蓝海！

产品组合与搭配也能营造一种势（见图1-3）。组合能带来不一样的效果，再好的产品也不能单枪匹马，再牛的球星一个人也赢不了整场球赛，有进攻就得有防守，有坦克、大炮照样少不了自动步枪。同样，卖明星产品必须有绿叶产品，有赚钱的产品就必须有跑量的产品，有体现档次的产品就应该有吸引眼珠的特价产品。国美从来都是高举低价大旗，卖力推广高附加值产品；沃尔玛有一毛钱一斤的限量购买鸡蛋，同样也会不遗余力地销售价值上万元的高档商品。这是靠产品组合制造热销的势！

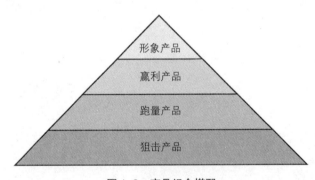

图1-3 产品组合搭配

因此，从这个意义上讲，光会卖赢利产品的经销商不是好的经销商，光会卖特价机的业务人员不是合格的业务人员。世上没有卖不出去的产品，只有卖不出去产品的人，与其说缺卖货的方法，倒不如说缺卖货的理念，缺营造产品的势。

渠道势

渠道是品牌的根基，犹如源头活水，渠道深、品牌大，树才能长得茂盛。做营销首先就是要织网，没有网络是无法做大的。渠道的数量，或者说经销商的数量，往往决定一个企业销量的多少；渠道分销的密度和广度，代表了品牌的影响范围和力度，体现了品牌势能的高低。率先在行业内进行渠道扩张、渠道深耕的企业，最终就有可能成为赢家。俗话说"蹲得越低，才能跳得越高"，就是这个道理。

一流的品牌，必须有一流的渠道才能最大化地发挥效用。娃哈哈当年在与乐百氏的竞争中，最终成就水饮料霸主地位的关键因素就是娃哈哈构建了中国饮料行业最强大、最密集的"分销联合体"。在家纺行业，当深圳富安娜还在将专卖店当作区域性营销战术的时候，罗莱已经构建了多元化的全国专卖店连锁加盟体系，并且上升到了公司发展战略的高度。不是罗莱做得非常好，也不是强与弱的对比，而是有与无的对比，有总比没有强，也就是先行一步占领的问题。

当没有能力建设渠道的时候，就要善于借用渠道。不仅要向行业内借，而且要跨出行业和产业去借，跟当地有实力的其他资源联合起来，借其他厂家渠道的力量快速将市场盘活起来。在弥补渠道不足的同时，不仅扩展了产品的销售空间，更重要的是建立了资源互补的生态圈。

〔案例〕

> 2009年5月1日至6月30日期间，北京好利来餐厅与北京移动12580合作，所有拨打12580的客户都可以参加活动。

> 在此期间，用户查询所有12580综合信息服务的内容，每月累计拨打查询3次及以上，即可获赠价值6元的好利来蛋糕券电子兑换单，可兑换指定的标有12580标识的西点或饼干，也可以作为6元代金券，购买好利来店内没有12580标识的好利来自制产品，超出6元金额部分，由用户自己补齐，但不可兑换未标有好利来品牌的产品。
>
> 活动结束后，北京好利来的营业额从900万元猛增到8 000万元。

渠道为王、网络是天，渠道通则一通百通，网络实则一实百实。四季沐歌从2007年开始渠道下沉，目前已形成了强大的渠道网络，一级经销商数量近2 000家，二级渠道近20 000家。公司致力于打造"五品经销商"，提出"家文化"与经销商共成长，陆续推行了"家基金"、阳光创业行动、"我要上北大"等"经销商帮扶计划"，核心内容便是实现经销商与企业共同成长，实现由利益共同体向事业共同体的升级。

2013年1月30日，在年度营销会议上，四季沐歌公司做出了一个非同寻常的决定——将总市值约300万元的日出东方股票奖励给15名千万大商，被誉为"行业奖股第一企"，在业内激起涟漪效应。通过奖励股票打造"永久经销商"，进一步夯实了与渠道商真正融为一体、共赢发展的决心和信心。

品牌是基础，渠道是关键，决胜则在终端，要将资源聚焦到创造客户价值的地方。什么叫作终端？终端是指与消费者直接发生买卖关系的地方。现在的营销已经演变成一场"终端战"，快速掌控终端，不仅能快速拉动销售，还可以直接获得市场反馈，以便及时改进产品质量与服务。而且，终端也是企业提供增值服务的发力点。把销售终端控制住，就等于找到了创造客户价值的通路。

营势关键点：

要将资源聚焦到创造客户价值的地方。

终端是离消费者最近的"最后一公里"！在快消品行业，康师傅、统一、可口可乐、娃哈哈等品牌都率先将手伸向了终端，营造了一种广度覆盖的渠道势能，从而快速成就了这些品牌的霸业地位。为提高终端竞争力，加多宝独辟蹊径，把精力与资源聚焦到餐馆渠道上，就是对餐饮终端的全面布局。通过餐馆渠道的"势"拉动其他渠道的消费，加多宝进一步巩固了凉茶第一品牌的地位。

最后一公里，在英美也常被称为 Last Mile，原意指完成长途跋涉的最后一段里程，被引申为完成一件事情的最后关键性的一步。由此看来，市场的"最后一公里"的胜利至关重要。在这一点上，法国著名的轮胎品牌米其林可谓是成功的典范。

〔案例〕**米其林的终端布局**

作为轮胎业的巨人，米其林公司没有把视线仅仅放在轮胎上，而是通过触点营销，将有限的资源聚焦在用户能接触到的地方，例如驾校、宾馆、餐厅甚至旅游景点。在今天的美食界，《米其林餐厅指南》好比就是奥斯卡的小金人，各饭店的名声都靠此来确定，它也成为所有旅游者的"美食圣经"。拥有着相同目标客户的轮胎和旅游美食指南，可以更完美地将驾驶者与外部世界相连，所以米其林可以自豪地宣称"我们的轮胎可以将你送到任何你想去的地方"。

在国际市场，米其林一般不会直接投资在零售渠道上。而在中国，面对如此巨大而又复杂的市场，米其林认识到零售商经销对于占领市场的重要作用，因此建设发达、完善的零售商网络成为米其林轮胎在中国营销的主要工程。经过多年的渠道建设，米其林轮胎的零售终端已经渗透到中国市场的大部分地区，并且具有了明显的中国化特征。米其林的案例说明，品牌落地到消费者身边去、下沉到用户心里去将是决胜"最后一公里"的制胜法宝。

营势关键点：

做营销的本质就是聚人和织网。

活动势

"流水不腐，户枢不蠹。"什么是活动？动起来就能活，不动就不活。生命在于运动，营销在于折腾，只有始终在市场上折腾，才能把对手折腾下去，把品牌和销量都折腾上去！

活动势，就是要追求轰动性，犹如"转圆石于千仞之山"，等进机一到，稍一用力，巨石即可飞滚而下，摧枯拉朽，不可阻遏。活动之势可以通过最大化的产品展示，形成畅销的气势；也可以在促销技巧上下足功夫，做到与众不同的促销妙方，吸引消费者；另外，还可借助于外界的"势"，如节日的欢庆、商场的大促销活动等，都有利于达到活动预期效果。

活动之势，要营造高参与度，要让目标消费群参与进来。活动连贯性的设置和传播互动对于吸引更多的人参与是至关重要的,要把控好每一个环节才能做出活动的效果。比如,21金维他的"神秘礼物"活动,每一个家庭都有可能得到一份礼物,但谁也不知道这是什么礼物,所以大家都在期待,小金维他在21金维他基础上靠造势短期内横空出世。

〔案例〕**小金维他活动造势**

> 小金维他是民生药业的"小儿子",在浙江老百姓中有着良好的口碑,其"兄长"21金维他在浙江销售了20年,并已成为中国维生素领军品牌;同时,小金维他拥有与中国学生营销与健康促进会联合研制的名义。
>
> 2004年6月中旬开始,小金维他充分借助中国学生营养与健康促进会的金字招牌,以一个新闻发布会为引子,推出一系列新闻性平面广告,两轮攻势下来,市场销量形成了向上增长的强大势头。紧接着,在暑假期间,又开展了"小金维他·金牌小勇士夏令营"活动,得到了家长与孩子的热烈响应,不少超市卖场出现断货,还有许多家长打电话希望获得特殊关照。随后公司将活动结果通过系列文章进行刊登,同时告知人们:每年暑假,民生药业都会举办"金牌小勇士夏令营",请各位家长和孩子保持关注。活动结束后,小金维他终端销量又上了一个台阶。
>
> 时间进入12月,公司决定切入礼品市场,运作的手法仍然是造势,通过营造小金维他成为送礼的新流行,引导人们购买小金维他,作为走亲访友送给对方孩子的礼物。《小金维他:送礼新宠》《给大人拜年,给小孩送礼——小金维他走俏新年礼品市场》两篇文章在几大主流报纸连续刊登,小金维他销量

> 继续上扬,春节期间,随处可见拎着小金维他礼盒的市民。6个月的活动攻势,环环紧扣,每一个环节都着力营造一种势场,每个环节都匠心独具,最终取得了阶段性的胜利。

2007年以来,是太阳能行业快速发展的七八年,也正是市场活动风生水起的七八年,靠着不断地折腾,四季沐歌为行业贡献出了一个又一个颇具实效的营销模式,掀起一轮又一轮的活动造势。借助乡镇割草活动,将意向客户一波一波地发掘出来;借助城乡联动,实现了由乡村向市区的逐步渗透;通过百台巡展活动造势,实现了极致营销,摧垮对手的心理防线;借助现场演示、村晚活动,赚取了广大消费者的口碑……

L市场总代理杜老板喜欢折腾市场,经常运用一些别出新意的招数提高知名度。广告车满大街宣传的招数很多经销商都可能用过,但用人力三轮车拉太阳能热水器宣传的方式,杜老板绝对是创新。这种宣传方式不仅成本小,而且带来的震撼效果比常规宣传更有效。前面车队在街道上转悠,转过身就有客户闻风上门询问,杜老板说到这些很是得意,这就是典型的立竿见影的效果。

杜老板喜欢把展销阵势搞得很大,已经在周围很多经销商与消费者当中引起共识。一次城乡联动,他挑战极限摆了100台机器,当时的气场震撼了每个前来参观的人,加上促销力度大的活动和现场千人的团购,当场收入130万元,这个数字把他自己都震住了,没想到能有超百万的订货记录。好在准备工作充分,直接从银行拉来7位工作人员现场办公,才没有出什么差错,这次的成功让他对太阳能行业信心大增,很多媒体都报道了他的这次"壮举",公司总部也把他树为标杆经销商,在全国范围推广。现在四季沐歌的经销商都知道"要想成熟快，就得搞户外"，这句话是杜老板多年的经销财富，也是他用自己的亲身实践留给所有四季沐歌经销商同人的财富。

四季沐歌在市场一线整合了全中国100多家艺术团在市场上做推广、做科普，并把这种娱乐方式传递出去，比如说有快板、歌曲，当然也有主持人和观众的互动。这样做的目的一是吸引人气，比如说赶集或者说广场演出都需要大量的艺术团吸引人气，同时要把你的产品知识、促销信息融合到这里面。比如说我们原来推无氟发泡的产品，我们把他们谐音成服不服，举办掰手腕比赛、比大胃王活动等。这种活动以老百姓喜闻乐见的方式传递开来，引起广大群众的共鸣，对于品牌的推广是潜移默化的，在不知不觉当中将品牌的文化和产品信息传递给了广大消费者。

除了一线活动氛围的营造，公司还组织营销团队和经销商开年会、半年会，并于2013年将经销商会议开进西部大漠、走进寺庙，营造了一个庄重静谧、开心快乐的氛围，这场活动给我们客户留下了终生难忘的记忆。

2013年8月，四季沐歌几百名VIP客户在敦煌雷音寺内禅修、打禅、吃斋饭，体验宗教的智慧。用这样的方式，我们营造出一种宗教的场，会议效果非常好，以至于我们的客户每次会议一结束就期待下一次开会。以前每次开会都不愿意来，他们觉得开会太痛苦了，而在大漠开会，体验当地的风土人情，他们觉得这样开会就是来开心的。白天开会，晚上可以疯狂，我们举办篝火晚会，使我们团队尽情地玩乐，尽情地放松，在玩中体验营销的真谛。

世界知名企业如IBM、GE、可口可乐、微软等世界500强公司都采用这种培训方式进行员工训练。在培训师的指导下，团队成员共同交流，分享个人体验，讲究先行而后知，在体验中突破成长。

团队势

有多大的团队就能做成多大的生意，就能做多大的老板。今天的市场之争已经不是老板之间的战争，而是一个团队与另外一个团队的较量。中国有句老话叫"事在人为"，人是一切的起因，所有的事情都是人干出来的。你要想做出 1 000 万、3 000 万、5 000 万，结果的背后必定是拥有 10 个人、50 个人、100 个人的团队，没有了团队，即使今天你做到了 1 000 万，明年你也很难保证不掉回去。

管理就是借力，团队管理重在调动士气、营造氛围、创造满意。团队在不同的阶段，体现不同的势，管理方式也要相应调整。团队人数非常少时，领导一定能够冲在前，起到表率和引领作用，塑造英雄主义的"势"；当团队成员发展到几百人时，领导要居中间，便于协调和指挥，营造和谐有序的氛围"势"；当团队规模发展到几千人以上时，这时候分工协作很细，领导要退居幕后，谋划一种恢宏的愿景"势"。优秀的团队绝不是一个人在战斗，一定是团队整体资源的协同配合作战，就如同美国单兵装备整合了后台 60 多个部门的资源一样。

美国陆军的"陆地勇士"是有史以来"着眼于士兵，被看作是一个完整的武器系统"，士兵从战场上的武器操纵者首次转变为一个综合武器系统的核心。借助于高科技，去提高士兵杀伤力、生存性、灵活性和目标捕获能力，将单兵和五个子系统一体化整合：武器子系统、综合头盔子系统、计算机/无线电子系统（CRS）、软件子系统、防护服与单兵设备子系统，共涉及 60 多个后勤服务部门。该系统下士兵并不是武器的附属，而是整套系统的核心"灵魂"，是对单兵作战能力的延伸、提升和扩展，从而使士兵具有前所未有的超强能力。

营销人员的第一使命不是销售企业的产品，而是销售企业的信念。传道即传递信念。拥有积极心态的人是很有创造力的，而且可以影响周围一大片人。同时，营销人员将这种积极的心态、积极的势场向经销商、分销商传递，就会形成一种所向披靡、排山倒海之势，在一线市场传递给广大消费者，形成一种源源不断的正能量。

营势关键点：

营销人员的第一使命不是销售企业的产品，而是销售企业的信念。

河南省X县的代理商朱老板在16年前，为了撑起整个家庭，他毅然选择离开老家，携妻儿来到一个陌生的小村庄，租了一间仅10平方米的小瓦房，攥着东挪西借的50元，开始了创业生涯——维修家电。但在起步阶段，上天和他开了个"玩笑"，一场车祸险些夺去他的左腿，噩耗传来，给这个几乎揭不开锅的家庭蒙上一层阴影。他清醒过来后的第一句话就是问妻子："我剩下的这只腿还能用吗？"孤立无助的朱老板该怎么重振旗鼓？朱家面对生活的冰点，该何去何从？一连串的问号堆积在心头，堆砌在眉头，心酸已化成泪河……三个月后，在妻儿的陪伴下，他越过生活的低谷，再次站起来，因为他不服输！

机遇总是垂青有准备的人，结识四季沐歌后，不服输的心态让他再次燃起创业的激情，于是他做起了二级代理商。不到2年，他用真情服务赢得了好人缘，赢得了百姓的口碑。一次活动宣传人手不够，他和妻子就当起了业务员。两口子走家串户、东家进西家出，虽然腿都累肿了，但是很值。

他的手机号码就是百姓的"服务热线"，有求必应，一接到电话便来到用户家里进行免费维修，有时甚至需要挂着拐杖踩着梯子爬到房顶，虽然这种服务工作对常人来说是件小事，但对一个残疾人来讲，是十分困难的事情。对此，他认为："别人能做到的，我一定能做到，而且必须做得更好。"正是这种"韧劲儿"使得他的创业故事在当地传为佳话。

"一个篱笆三个桩，一个好汉三个帮"，朱老板的公司规模在不断扩大，最近为了拓展业务又新增一个店面，发展村级代理人12家，在不到700户的区域内，销售并安装了近600台四季沐歌太阳能，市场占有率达到80%。2009年8月24日，在由《销售与市场》杂志发起并主办的第六届中国经销商大会上，朱老板荣获"金销特别奖"（见图1-4）。

图1-4 朱老板荣获"金销特别奖"

在朱老板身上，我们看到了百折不挠、坚韧不拔的意志和充满信心、永不气馁的创业精神，看到了一个峥峥铁骨的硬汉胸怀，同时我们也看到了一股正能量在厂家、经销商、用户之间无尽地传递，这就是"势"，是弥漫人间的无穷力量。

 营势关键点：

营势就是制造感动点。

第二章　营势就是做整合

市场竞争最终是资源的竞争，资源不在于拥有多少，而在于能整合和利用多少。资源整合是一套完整的技战术、是一套系统的落地方案，资源价值最大化释放之时，就是品牌实现翻盘之日。

这个世界并不缺乏资源，而是缺乏洞察资源的眼光。当自身资源不足时，要善于发掘和利用外部资源，尤其是稀缺的优质资源。所谓优质资源就是能够带来大声势、大战果的资源。

初期的资源整合在于价值互补，重在以小博大；后期的资源整合，就是率先抢断和占位。

无边界创新整合理论与"三个凡是"

谁将是未来的主人？资源整合者。

今天这个时代，是属于资源整合者的时代：如果缺管理，就能够找到擅长管理的职业经理人；如果缺技术，就能够找到擅长技术的高级工程师，如果不懂营销，就能够找到国内顶尖的营销总监，只要你想找，全球都是你的资源库，而非任何事情都亲力亲为，只有交流才能打开眼界，只有合作才能成就未来。

〔案例〕"京东是一个资源整合者"

> 2014年底，京东集团CEO刘强东率领采购代表团前往法国，与拉菲、玛歌等知名酒庄庄主以及法国食品、化妆品等品牌商代表洽谈合作，并正式启动了京东"法国馆"页面。未来京东将在法国引进红酒、食品、服装等法国本地产品，预计5

> 年后法国商品在京东的交易额每年可超过50亿欧元。
>
> 　　除了上线法国馆，京东近期在海外业务方面动作频频。目前京东已经不是一家简单的电商公司，而是一个汇集八方资源的集团公司，下面有商城、京东金融、拍拍网等业务。此外，京东在汽车领域还投资了易车和旅游，通过投资途牛，京东也同时可以享受在线旅游市场带来的红利。用刘强东的话说就是，"过去的京东是一个零售平台提供服务者，今天的京东是一个资源整合者"。

　　2014年12月15日，途牛旅游网宣布与弘毅投资、京东商城、携程旗下子公司携程投资签订股权认购协议，共同加强在二三线旅游市场的渗透，在无线、研发和旅游产品上展开深度合作，进一步扩张市场份额，强化市场领导者地位。与此同时，阿里巴巴也于2014年11月推出独立品牌的旅游平台"去啊"的旅游业务，其整合旅游资源、布局在线旅游的思路和决心也非常明显。

　　不仅企业需要擅于整合资源，政府间也要广泛开展资源的合作。欧盟由27个国家组成，每个欧盟成员国的公民都可以享受欧盟这个跨国组织的公共资源，他们无须签证就在欧洲境内海陆空畅行无阻，27个国家统一了货币叫欧元，统一了金融银行系统叫欧洲央行，欧盟的成立大大加快了成员国之间信息、资金、技术、物流等各项资源的使用效率。

　　深圳特区由边陲小渔村迅速崛起成为一个国际大都市，就是资源整合的鲜活案例。当时中央赋予深圳经济体制改革探索的任务，但国家只给政策不给钱，倒逼特区自己"要杀出一条血路来"。

　　给政策就是最大的支持，借助它就可以名正言顺展开政府间资源的整合。摸着石头过河的深圳，正是凭着一种拓荒牛的精神冲破了一个个雷区,率先整合土地资源,敲开了使用权公开拍卖的第一槌;率先整合人力资源,开创劳动力商品化的先河;率先整合资本资源,发行新中国第一张股票,率先拉开资本市场的大幕;首次推行国有企业股份制改革,充分整合和利用国有资产;破天荒整合政府职能部门,形成了"大贸工、大交通、大文化、大城管、大农业"的管理格局……这就是深圳效率,通过政策资源整合创造了一个又一个神话。

企业的竞争主要表现为资源的竞争,资源丰富的企业在竞争中就会处于领先优势。大多数企业,特别是刚创立的中小企业,无论是技术、人才、资金,还是渠道资源,都很难与那些运转了很多年、资源雄厚的企业竞争。但实际上,竞争往往就发生在有资源优势的企业和没有资源优势的企业之间。

对于没有资源优势的企业,我们的观点是:资源不在于拥有多少,而在于能够开发和利用多少。能够开发和利用的资源越多,就意味着实际拥有的资源越多,在过去如此,在互联网时代更是如此。现在是一个无限开放的时代,世界是平的,外部资源可以说是无限多的。只要你想整合,只要你有整合的思路和策略,到处都可以发掘到资源为你所用,用鲁迅先生的话说就是"拿来主义"。但问题是,面对扑面而来的大把大把的资源,采用什么方式整合过来,如何找到资源整合的突破口,这对大多数企业来说仍旧存在着观念和思维上的挑战。接下来,我们就把时针拨回到四季沐歌初创时,从企业遭遇到的点滴事情说起,探讨一下资源整合的过程和心得体会。

营势关键点:

资源不在于拥有多少,而在于能够开发和利用多少。

2000年12月，我们刚刚进入太阳能行业，那时候同行一些企业已经做得很大了，有很多已经成长为壮小伙子了，我们当时还是刚出生的婴儿，实力和它们完全不在同一个级别上，怎么跟人家竞争呢？除非在某些方面有独到之处，并且这些独到的地方足以弥补我们的弱势。但当时我们几乎什么都没有，缺人缺钱，还没技术，是真正的一穷二白。在竞争的过程中我们逐渐摸索到市场竞争的一些规律性的东西，脑子也就豁然开朗了，既然我们什么都没有，那就应该没有任何包袱，没有任何负担，什么都可以是我们的。俗话说就是"光脚的不怕穿鞋的"，乐观上讲就是我们"失去的仅仅是锁链，获得的将是整个世界"。乐观归乐观，这个过程走下来却是有一定难度的，需要付出一些代价，但当时来讲这是唯一的路子，为了生存下来必须往前冲。

在这种生存环境的倒逼下，我们逐渐总结出了"无边界创新整合"理论。该理论最开始运用是在2002年，到2007年正式总结为一套系统的理论。该理论有两个关键词，第一个就是"无边界"，也就是现在流行的跨界思想，即不受自己企业和行业的影响，推倒企业和行业的围墙，将视野放宽到其他行业、产业中去学习借鉴。对我们来讲，太阳能热水器行业是一个新能源行业，在当时可以说是小众的行业，是一个新兴的行业，行业内拥有的资源非常有限。如果把思维和眼光局限在行业内，恐怕行业外的很多优势资源和技术，好的人才、好的商业模式就没法学到，只能是死守自己一亩三分地的"井底之蛙"。因此，我们在创业阶段就已经打上了"跨界整合"的烙印。

第二个关键词就是创新。创新意味着创造性破坏，是新生命诞生的基础。当下企业，对创新的呼声一直很高，然而为何创新依旧贫乏？是因为每次创新都要付出巨大的代价，无论在资金、时间、精力等方面都面临着很大的风险，同时企业的惯性思维又是创新思维的"天敌"，每次的创新都要经历难以想象的勇气和坚持。当时的太阳能行业不仅资源缺乏，而且思想比较保守，大多数企业仅仅在推广和应用既有的技术，行业内核心部件基本一样，外观和样式也严重同质化。因为大家都不想投入资金做研发，都不愿创新后被大家快速跟随。因此行业内产品同质化很严重，功能和技术一样的东西，只是在外观和标签上稍作改变。这时候就需要有企业站出来，跳出行业看行业，站在月球上看地球，就会发现别人看不到的风景，从而发现更多的市场机会。

三个"凡是"

资源不一定非要拥有，也不一定非要占有，关键是对我们有什么样的价值。所以，在无边界创新整合思想里面，我们提出了三个"凡是"：凡是有利于太阳能发展的技术理论和生产资源，凡是有利于太阳能应用推广的市场营销模式，凡是有利于太阳能可持续发展的文化理念，我们都将兼收并蓄、创新整合。

概括起来很简单，就是"有主张、无边界"。"有主张"是我们发展的初衷，是创新的原点，是我们孜孜追求的目标和宗旨；"无边界"是具体路径、方式方法不要拘泥于固定的思维框架，不能把自己锁定在一个小圈子里，外界一切资源都可以打包进来，进行整合。我们不一定拥有，但我们可以借力。通过借助外部力量，一样可以达到我们的目标。

营势关键点：

凡是有利于太阳能发展的技术理论和生产资源，凡是有利于太阳能应用推广的市场营销模式，凡是有利于太阳能可持续发展的文化理念，我们都将兼收并蓄、创新整合。

局限于营销做营销，只会在营销中自我孤立。"资源永远是有限的，但找到资源、整合资源、利用资源的思维和方法却是无边界的。"因此，无边界创新整合重在对资源的消化、吸收。新的资源、新的模式，先整合进来，稍微改造，把他们变成适合自己的，最后把他们消化、吸收掉。

第一个凡是：技术

凡是有利于企业发展的人才、技术、工艺、设备、材料，我们拿来或者跟别人展开技术合作，把他们转化成自己的东西，这更为快捷有效。

当你有了这样的思想，就不会局限在自己的行业里。像我们企业里就有大量人才来自于家电行业、建材行业等。我们的技术可能来自家电，可能来自航天，还有可能来自建材等其他行业。很多技术好像和我们没有关系，像生产玻璃的技术、化工技术、镀膜技术，以及制造冰箱的发泡技术等。我们把这些成熟行业里的成熟技术借鉴过来，按照需要进行创新整合，使之成为太阳能行业里的新技术。如2014年会上展示出来的众多新品中，就有集热水、照明、光电技术于一体的PVT热水器，这是一个跨界的创新产品，对现有的产品是一个颠覆。

在企业的发展过程中，会碰到这种技术上的瓶颈，难以实现技术上的快速突破。尽管我们有很多技术可以暂用起来，但是拿来或者跟别人合作，把它们转化成自己的东西更为快速有效。在成为中国航天事业合作伙伴后，我们把航天上的、军工上的技术，比如说航天工业的隔热保温技术、自动化技术、控制技术，都把它们民用化，直接转化成为老百姓需要的技术，吸纳进来开发成智能化的产品。这种应用技术的改造创新，就把一个高高在上、离消费者很远的航天、军工技术整合进来，这种技术的结合就是无边界创新的思路了。不仅在技术上面，新工艺、新材料等都是可以整合的。比如我们跟世界500强企业美国霍尼韦尔合作，引进该公司最新的材料——一种绿色无氟发泡材料（本来用在冰箱、空调、冷柜制冷机上面的），我们把这种材料整合在太阳能热水器里，并经过36米恒温熟化设备定型处理，在保温层与外界之间建立绝热屏障，有效阻断热散失，就像"宇航服"，锁住热量不流失，最大限度地将白天吸收的热量保存住，提供更持久的热水体验。

十几年来，我们通过联手北京大学新能源中心、中国航天、德国斯图加特大学等科研机构，逐步掌握太阳能产业的相关核心技术，开始构建自己的"技术基因"。目前，我们是全球唯一同时拥有4大核心集热技术的企业，行业中大多数企业只能掌握其中的一两个。核心集热技术是什么意思呢？是把光能转化成热能的关键技术，有点像电脑的芯片、汽车的发动机。核心技术的掌控，使得我们能够在全球范围内拥有核心竞争能力，并且实现了全球市场的覆盖。目前我们的产品在全球出口一百多个国家和地区，企业连续10年行业出口第一。同时，我们又联姻世界500强如霍尼韦尔、宝钢集团、联想、海尔、长安汽车、中国人保等巨头，开启"跨界资源整合"的先河，为品牌注入了强劲的"创新芯"。

第二个凡是：模式

凡是有利于企业市场发展的经营方式、运营模式、促销手段，我们都要拿过来。

管理学大师彼得·德鲁克指出："当今企业的竞争是商业模式的竞争。"《21世纪商业评论》主编吴伯凡认为，产业融合是发展趋势，它将催生新的市场、新的技术、新的应用，从而进一步提高劳动生产率和产业竞争力。这也意味着，随着产业的融合发展，传统的产业边界将被打破，传统的商业模式也将被颠覆。

苏宁云商、国美电器、百安居等连锁巨头不单纯是产品的成功，而是商业模式的成功。同样的产品用不同的商业模式推广，其结果完全不一样。比如当今比较流行的安利直销模式，它提供给了我们关于会议营销的新鲜思想；再比如家电行业里有很多分销、管理、促销的好模式，我们也可以把它们借鉴过来，经过消化吸收，提炼出自己独特的商业模式。

PPG（批批吉）的商业神话开创了一种新的销售模式，一年卖了100万件衬衫，超过了经营了十几年的雅戈尔。传统的销售模式是开专卖店，而PPG是采用类似戴尔的直销模式来卖衬衫，用呼叫中心的方式将产品直接交给消费者，如今很多品牌都在沿用这个商业模式。服装最怕压货，尤其是换季的时候，企业最担心的是库存。PPG员工仅500人，呼叫中心就有200人，没有实体店的经营大大降低了成本，因此可以做到零售价非常便宜。

目前绝大多数手机厂商都是靠销售手机赚钱，但小米在商业模式上选择了跟传统手机厂商不一样的道路，他更在意的是用户口碑，所以拼命积累自己的粉丝。雷军认为只要有足够多的铁杆粉丝，赢利自然不是问题，所以他采取了把价格压到最低、配置做到最高的策略，手机的背后是几千万的移动互联网用户。

小米拥有自己的手机品牌，拥有自己的手机用户，而且是用户使用的是小米自己开发的操作系统，这样发展起来的用户就有价值了。其实从这点上来说，小米与苹果已经很类似了，区别只在于苹果的利润主要来自硬件，而小米却不靠硬件赚钱。

加拿大某黄金矿区，近50年频繁地开采使得可发掘的矿产资源越来越少。某老牌采掘企业花1 000万美元请地质学家探测，但广阔的区域找不到开采点。于是该企业灵机一动，发起黄金寻找计划，公布自己最核心的技术数据，发动互联网的力量共同寻找开采点，悬赏50余万元，找到了上百个开采点。在这些开采点，企业开发了800万盎司的黄金，价值90亿美元。由于改变了商业模式，该采掘企业获得了巨大成功。

〔案例〕

> 2008年底，四季沐歌创新性地推行了"粮食换太阳能"计划。当时，金融危机对乡村影响极大，农民年初的大投入却换来年底农产品的大量积压。农民粮食卖不出去，也就不会有钱消费太阳能产品，太阳能产品市场不好，怎么办？
>
> 当时调研市场时，我们发现了一个事实，收购玉米的人每斤只愿意花0.90元，而农民希望卖到每斤1.0元，价格无法达成一致，农民宁肯存起来，期待涨价，0.1元的价格差，就是决定农民盈亏平衡的关键点。针对这种现实，我们提出了一个"粮食换太阳能"的方案。
>
> 我们首先整合粮食收购商，与他们谈判每斤0.89元的价格卖给他，他同意按这个价格买。我们随后和农民谈，1.01元卖

> 给我们，农民也愿意卖。假设一台热水器3000块，则我们收购3000斤，中间的差价是0.12元，这个差价就相当于我们的促销活动费用，我们不仅销售出产品，更是为消费者提供了从农产品销售、资金回流、产品购买、安装服务等一系列解决方案。

创新即是旧元素的新组合。粮食换购太阳能的创新案例，通过引入粮食中间收购商，并整合卖粮食的农民，从根本上解决了农民不愿意低价卖粮、粮商不愿意高价收购的矛盾，充分体现了无边界创新整合战略思想的市场生命力。该案例随后被收入《中国经营报》，成为营销创新的典范加以推广。

在商用市场模式创新方面，我们创新性地提出了"城市热水银行"的概念，强调用金融的思维卖热水、卖服务。我们既是设备提供商，又是商用热水的服务商，既可以理解为提供产品，也可以理解为提供解决方案或者平台，还可以进一步延伸为提供社区能源服务。此外，我们还积极探索并实践了诸如长年热水托管服务、设备分期付款服务、合同能源管理（EMC）模式、项目BOT建设等先进的模式，引领行业由卖机器到卖热水的营销思维大跨步。这些活生生的案例证明，凡是有利于行业发展的商业模式，凡是有利于销售业绩提升的运营模式，都可以拿过来整合使用。

在计划经济占主导的年代，赚钱主要靠批条，靠资源的不对称；市场经济时代，赚钱靠差价，靠信息的不对称；而在互联网时代，一切都变了，1500元的东西，最多1700~1800元卖给消费者，甚至1500元成交。互联网脱下了中间商们的所有衣服，包括内裤，去中介化成为互联网的标准特征，传统经销商该何去何从？

〔案例〕M睡衣品牌的模式

> M睡衣品牌只有7个人，只有一个款式两种颜色，原价188元/件，在互联网各大网站上有广告，免费赠送，但需要到货后支付23元的快递费用。结果不到三个月，送出去1000万件，赠送价值18.8亿元，这个企业不是疯子吗？但是我们算一笔账就明白了其中的秘密。
>
> 外加工8元/件+快递5元/件+网站提成3元/件=16元/件
>
> 23元快递费-16元成本=7元
>
> 7元×1000万件=7000万元

传统的赚钱方式通常比作：羊毛出在羊身上，由羊来埋单；而互联网时代的赚钱方式我们叫作：羊毛出在狗身上，由猪来埋单。

互联网时代的赚钱方式又可以细分为两种常见的类型（见图2-1）。第一种是免费或低价，目的是吸引大量用户参与进来，根据用户的属性、特征将用户分类，为用户贴上标签，通过挖掘用户的个性化需求，提供针对性或高附加值延伸的服务、产品，向高价值的用户收取费用。

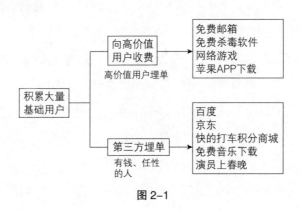

图2-1

另一种是将不同属性标签的用户需求信息与第三方企业对接，实现价值共享，让第三方付钱埋单，比如百度、京东、快的打车的积分商城（200多家）、免费音乐下载。如滴滴打车有1000万用户，日交易额1.8亿元，年交易额600亿元。

在移动互联网背景下，整个价值链加长，一些环节是吸引大众，一些环节再去得到超量的回报。正是基于这样的商业模式创新，经营好用户就成为企业在这个时代最核心的战略。

第三个凡是：文化

凡是有利于企业可持续发展的文化、理念、价值观，都可以拿过来借鉴推广。比如说海尔的日清文化、华为的狼性文化、军队的执行力文化、宗教文化等都可以吸收进来。

一个民族的强大，根源在于文化的强大，文化竞争才是终极的竞争。如美国的好莱坞文化和强势品牌文化，欧洲的奢侈文化和贵族文化，日本的动漫文化和精益文化，韩国的饮食文化和影视文化，已经在中国迅速蔓延，甚至扎根。过去30年，我们创造了举世瞩目的经济成果，但是并没有彰显出与经济地位相匹配的文化竞争力和文化价值。要改变世界对中国的认知，中国必须打破只输出便宜产品的固有观念，必须输出自己的优秀文化和核心价值观。

一个国家如此，一个企业也应该如此。行业领导品牌输出的不仅有商业模式，更要有企业思想和品牌文化。万达集团董事长王健林认为，人生追求的最高境界是精神追求，企业经营的最高层次是经营文化，企业文化是经营管理的最高追求。企业可以通过平台和福利来影响员工，通过创造利润来满足投资人，通过利益和事业蓝图来影响经销商，通过产品和服务来影响消费者，但如何影响社会公众和政府媒体？那就是我们的责任、文化和价值观。企业的终极竞争是信仰、理念、精神等内在因素的竞争，只有文化才可能成就一个真正意义上的大品牌。

营势关键点：

要改变世界对中国的认知，中国必须打破只输出便宜产品的固有观念，必须输出自己的优秀文化和核心价值观。

稻盛和夫是日本著名的企业家，他一手创立的京瓷株式会社和第二电电株式会社都先后进入了世界500强行列。2010年2月1日，他临危受命出任破产重建的日航CEO，在不到半年的时间内，就让日航大幅度扭亏为盈，在2010年年底创造了日航历史上空前的1500亿日元的利润。

他的成就和他所创立的一套经营哲学是分不开的，稻盛先生断言："除了拼命工作之外，世界上不存在更高明的经营诀窍。""经营十二条"是稻盛和夫对自己的经营实践进行深入思考后的产物，也是他创建两家世界500强企业的行动纲领。"经营十二条"揭示了企业经营的规律，遵照它，经营就能成功；违背它，经营难免失败。

稻盛和夫说，经营的成败取决于经营者的行动。如果经营者认真学习、果断落实"经营十二条"，经营者就会变得判若两人。经营者变，公司的经理人就跟着变，公司的员工也跟着变。这样只要一年，公司就会变成一个高收益、快增长的优秀企业。

四季沐歌在国内是一家执行力非常强的公司，从发展之初就确立了"以使命和愿景为驱动"的企业文化理念，并积极推动管理层和员工主动接受这种文化、认同这一理念，自觉成为文化与理念的传道士。目前这种文化已经深入到企业骨髓里了。2013年8月公司上半年度优秀经销商总结表彰大会在敦煌召开，全国150余名千万级代理商参加了本次会议，会议的本身也是一次净化心灵的禅修之旅、文化之旅。

鸣沙山下，月牙泉边，大家一起听雷音寺暮鼓晨钟，洗尘世喧嚣纷扰，听大师讲经说法，参观并听取了雷音寺的历史及重建过程。本次禅修营以雷音寺晨钟早课拉开序幕，以莫高窟参禅礼佛圆满落幕。在古丝绸之路重镇敦煌，四季沐歌人共同发愿，为家人祈福，为品牌助力，成就最强冠军心。

评价一个企业的价值属性，要看这个企业的"经营"范围，比如经营人、经营产品、经营行业、经营社会的理念，以及隐藏其后背后的价值属性。这些年走下来，我们一直在探寻有着自身特色的企业文化，从军队文化、家文化、公益文化到现在的冠军文化，每个阶段的沉淀都能带给员工、客户、用户一些新的体验和共鸣，都能带给行业一些新气象、新动力和新价值。

2011年，为强化自身的执行力，我们学习借鉴军队文化，建立了独特的营销组织体系——军事化营销学院，并着力打造了一支具有严明组织纪律的队伍，一支有强烈荣誉感的冠军团队，在整个行业进入盘整的大环境下依旧保持着强大的战斗力，对于企业逆势崛起、最终夺冠居功至伟。

很多人买耐克，大多数都认可其代表的运动精神。究竟是耐克好还是阿迪达斯好，物质层面并没有好坏的问题，实际体验到的是精神层面的共鸣，和产品本身没有直接的关系。强势品牌做的就是文化，文化可以让疯狂的"果粉"连夜排队买它的产品，这绝非是激励考核所能达到的，而是依赖品牌背后强大的文化。我们不仅需要销售利润带来的激情和疯狂，更需要厚重绵长、具有品牌特色的文化精神、人文关怀、责任担当、爱心慈善。唯有如此，我们才能真正参透品牌的内涵，最终实现以柔克刚、无为而治的效果。

无边界就是跨界思维

一个无边界公司将把外部的围墙推倒，让供应商和用户成为一个单一过程的组成部分。它要求把团队的位置放到个人的前面。

——杰克·韦尔奇

企业的资源永远是有限的，局限于营销做营销，只会在营销中自我孤立。因此，企业的营销创新必须打破所有边界，与政府、社会、媒体、企业、经销商、合作伙伴展开互动交流，展开多方战略合作，在追求多赢的同时追求企业赢，这才是可持续的企业经营，也是我们提出"无边界创新整合"的初衷。

无边界创新整合理论，源自于杰克·韦尔奇的"无边界管理"。它已成为我们拓展市场、塑造品牌的重要手段，企业的整个发展历程处处可见跨界整合的创新案例。

2007年之前，四季沐歌在太阳能行业处于弱势地位，原有的核心资源没有被激发、放大。随后我们重新调整思路，勇敢地走出去，把别人的优势拿来研究学习，通过创新变成自己的优势。2007年，我们牵手中国航天基金会，成为太阳能行业唯一的"中国航天事业合作伙伴"；2008年，我们在市场逆境中打了一连串的组合拳：1亿元投标央视黄金广告时段；与中国人保签订总保额3亿元的产品责任险、产品质量险和团体人身意外伤害险；与长安、哈飞等汽车企业战略合作，定制1万辆微型面包车，与全国经销商一起启动"万辆绿篷车工程"；与文化部携手，总投资1 000万元，大搞新农村影院工程，分赴全国25个省为3 000万农民播放电影多达10 000场……

当今流行跨界的概念，无边界创新整合首先就是跨界。跨界的前提是打破现有的边界，寻找到新的边界。不管哪个行业的先进做法，经过创新思维的加工整合，运用"拿来主义"就可演变为得心应手的武器，令对手无从跟随反击。我们最初需要的技术、人才、设备、工艺、材料，这些都是来自跨界的，或者行业本身就没有的，我们就跨出行业去找，其他行业有的是。

营势关键点：

企业的营销创新必须打破所有边界，与政府、社会、媒体、企业经销商、合作伙伴展开互动交流，展开多方战略合作，在追求多赢的同时追求企业赢，这才是可持续的企业经营，也是我们推出"无边界创新整合"的初衷。

手机的诞生，改变了人们的通信方式；苹果手机的问世，颠覆了人们对普通手机的认知；太阳能热水器的诞生，改变了人们用热水的方式；发电太阳能热水器的问世，则重新定义了太阳能。

2014年，四季沐歌推出了一款产品——发电太阳能热水器，彻底颠覆了人们对太阳能热水器的传统认知。该产品通过跨界整合，集光伏和光热两种技术于一体，同时具备了热水和发电两种功能，具有行业里程碑意义。

"洗澡+照明"实现新突破。发电太阳能热水器带来的是行业应用思维的重要突破，重新定义了太阳能热水器的属性，实现了对既有产品的颠覆。如果我们还是固定在"太阳能热水器就是洗澡的"这一定义上，整个行业将停滞不前，产品将永远趴在屋顶上，进凉水，出热水。

思维上的突破带来技术上的创新。发电太阳能热水器只用一根航天发电管，仅安装一个太阳能光伏发电系统，就轻松增加了产品的附加值，同时具备了两种功能，实现每天12个小时的发电照明，光电转化效率高，使用寿命更长久，可为家庭轻松实现洗澡、照明一机两用，都不花钱，带给行业的是一种新思维、新方式和新应用。

发电太阳能热水器的诞生，是思维上的曲径通幽加技术上的创新融合，有太阳的地方就有热水，有太阳的地方就能发电。该产品的出现激发了两大市场，一是年轻消费者市场，二是以旧换新市场。光伏与光热的边界从此被全面打通，将开创太阳能产业的新格局。

图2-1 发电太阳能热水器

"没有枪，没有炮，别人给我们造。"企业的资源永远是有限的，但可利用的社会资源却取之不尽，不要只看企业内部的资源，还要有目的、创新性地利用外部资源。在渠道下沉的过程中，我们整合全国100多支艺术团，以老百姓喜闻乐见的方式开展市场一线活动，传递品牌形象和产品信息，引起广大老百姓的共鸣。这些艺术团分散在全国各地，有唱戏的、有唱流行歌曲的、有唱二人转的、有玩魔术的、有玩杂技的，等等。作为一个企业，资金实力毕竟有限，不可能养这么多演员，双方也是通过创新的方式进行资源整合。通过无边界创新整合，我们用相对于广告而言很小的投入便吸引了大量的社会关注，品牌影响力在短期内达到一个前所未有的高度。

无边界创新整合要求我们必须打破所有边界展开互补合作，在追求多赢的同时追求企业的赢。成功的营销思维是将企业置身于整个社会大舞台之中，使营销像街头音乐或舞蹈一样，大家都能全心参与互动，这样才能将营销推向高潮，从而营造更加广阔的市场空间。

无边界创新整合在于交换

没有一个企业从诞生之日起就拥有大品牌，一开始都是从小企业，甚至是小作坊起步，都面临着资源匮乏。任何小企业最开始的目标都是如何让自己先活下来，连活下来都是问题那还谈什么品牌。所以，小企业或者后来者要想尽一切办法在有限的资源里把握好市场机会，千方百计去思考如何整合更多的资源，并且把这种资源的价值尽可能放大，使自己生存下来，然后才能考虑如何强大起来。

创新无处不在，整合无处不在。当越来越多的企业认识到单打独斗已很难做强做大时，两家或几家品牌通过品牌资源互补或者互换，利用各自在资金、产品、渠道上的优势，实现资源共享，快速抢占市场，获得双赢乃至多赢的局面。我们有这种需求，他们也有这种需求，双方一拍即合，既解决了他们的问题，也解决了我们的问题，又把科普的问题带下去了。

从中国移动携手麦当劳到东风雪铁龙C2与KAPPA联姻；从可口可乐与第九城市的全方位合作，到农夫山泉和TCL冰箱的资源整合，无一不是无边界创新整合营销的典范。2008年，我们联合创维集团共同推进了"新农村影院工程"，是一个典型的创新整合的范例：

2008年6月20日，四季沐歌太阳能携手创维集团正式启动了"2008新农村影院工程"。该活动总投资1 000万元，持续3个月，将分赴全国25个省为3 000万农民播放10 000场电影。"新农村影院工程"以农民最喜爱的经典电影为主,融合了农民喜闻乐见的电影、艺术团文艺表演、文化科普宣传,通过寓教于乐的形式进行娱乐营销、互动营销、大众营销和公益营销,与消费者走得更近,不但增加了品牌知名度和美誉度,而且给农民带来切实的物质和精神享受。通过电影对当地人进行企业科普,加上全国有3 000多家经销商在乡村开展宣传活动,从而实现了企业文化、企业产品、企业理念以及企业渠道都"下"到三四级以下市场去。

双方之所以能够牵手主要源于二者有共同的需求,而且有很多资源可以互换:

首先,有共同的目标,都希望拿自身资源作交换。二者都是中国航天事业合作伙伴,各自代表了所属领域内最高端的科技形象。当时创维集团倡导"品牌群",希望联手诸多优秀企业在品牌、渠道、供应等方面深层次合作,打造"抱团而战"的新营销格局。而我们也希望借助一线品牌进一步提升影响力,双方可谓志同道合,使得联袂合作有了非常好的基础。

其次,双方均需要将活动做出声势。创维在推动"西部健康光明行"的同时,我们也在大力开展"一次无氟·百分环保"的公益活动。无论是创维的"栋梁工程、光彩教育工程",还是四季沐歌的"北京大学奖学金"和"抗震春蕾小学";无论是创维的"创维情·文化性",还是四季沐歌的"绿色科普万里行",抑或在四川地震中两家企业捐献的自带电手电筒和太阳能淋浴棚,两家企业都需要在此基础上更进一步、做出标杆形象。

再次,两家企业目标市场相同,消费群体相近。早在2006年,创维集团就开始启动"新农村影院工程",开拓乡村市场;我们也在行业内率先启动了"太阳能下乡工程",定制生产适合乡村应用的太阳能热水器,提供"环保补贴",为农民"减负"。

最后，两家企业在目标群体和销售渠道上互补性强。在营销资源，如产品和促销上可以捆绑在一起，比如买四季沐歌太阳能送创维宽屏液晶彩电等。

基于以上原因，双方一拍即合，共同牵手推动这项惠及全国乡村的社会化大工程，创造了2008年中国营销史上的新典范！

因此，企业在壮大过程中要尽可能抓住每一个可以借势的机会，要善于发掘自己的的价值，也要善于洞察别人的价值。找到这两者的交集，拿我们的价值与对方的需求去交换，换回来就是我们的战略资源，然后将这些资源尽可能用足、用彻底。无边界创新整合一定是基于相互需要，单方面行动是没有用的。

范蠡，春秋末著名的政治家、军事家和经济学家，被后人尊称为"商圣"。历史上流传着一个范蠡贩马的故事，可以说是协同竞争、合作双赢的典型案例。

〔案例〕 范蠡贩马

> 范蠡得知吴越一带需要好马，同时了解到，在齐国收购马匹不难，在吴越一带卖掉也不难，中间有差价肯定能赢利。问题是把马匹由齐国运到吴越路途遥远，费用高昂，而最大的问题是运输，因为沿途强盗很多，风险很大。这时范蠡想到了经常往返两地经商的姜子盾，他因常贩运麻布，早已买通了沿途强盗。于是，范蠡写了一张榜文，其意是：新组建了一马队，开业酬宾，可免费帮人向吴越运送货物。此榜文张贴在城门口，意欲引来姜子盾合作。果然，姜子盾主动上门求运麻布，双方一拍即合。就这样，双方一同上路，货物和马匹都安全到达吴越。马匹在吴越迅速卖出，范蠡赚了一大笔钱。

案例中的双方有不同的需求,范蠡想把马由北向南顺利贩过来,但是路上的安全没有保障,沿途有土匪;姜子盾由于收买了强盗,可以保证路上安全,但他需要运送物资到南方来,双方在需求上形成互补,范蠡可以用马免费帮姜子盾运送物资,姜子盾负责路上照料并保证马的安全,双方都相互需要、一拍即合。要想找出这种绝佳的结合点,就需要善于观察,挖掘出双方的需求点所在。

有些资源是潜在的,你如果发现不了,自身又没有资源,又不想开发,那你什么都干不成。所以,当你没有资源的时候,你要善于去发现,善于发现别人没有重视的资源,并将之变成对你有用的资源,一般情况下,你只需用很小的代价就可以获取。

营势关键点:

无边界创新整合一定是基于相互的需要,单方面行动是没有用的。

无边界创新整合更在"消化"

谈到无边界创新整合理论的由来,现在总结下来就是三个字:被逼的。谁不希望企业创立之初就有很多资源,但事实是我们非常缺人才、缺研发、缺经验。一无所有,还得竞争,怎么办?那就向外部借!这个时候,他山之石可以攻玉。把鲁迅先生的拿来主义活用起来,只要有益就吸收,不能照搬。经过适当改造,让它们变得适合自己的企业、行业和市场,适合现阶段发展需要的,这需要一个消化的过程。虽是拿来,但也是一种创新。对于当时的我们,这可能是唯一的出路,别无他法。我们就得想办法从别人那里吸收、借鉴好的东西,整合好的东西,最后让它们变成企业的一部分。

当然，整合过程中也会出现资源很好，但是拿过来用得不好的情况，就好像婴儿经常会"消化不良"一样。如"新农村影院工程"开展初期，我们跟着创维到乡镇或村里面搞活动，突然发现自己没有提前预热，没有提前把样机送下去，企业文化无法传播，结果就造成了资源浪费，好资源消化不了，非常可惜。所以，在整合的过程中一定要量力而行，资源虽好，但一定是适合自己的才是最好的。

把无边界创新整合思想作为一种营销理念使用，你会发现，虽然自己资源不多，但同时你也是没有包袱的。在什么都可以做的时候，可以创新的空间就非常大。无边界创新整合营销，使得你能够站在一个开放的平台上与各行各业的人合作。整合无处不在，就看你能不能跳出行业的围墙寻找优质资源。

事实证明，无边界创新整合战略让四季沐歌在2007—2010年实现了7倍的增长，其中历经了深受金融危机影响的一年——对于大部分企业而言是寒冬的2009年，我们一跃成为太阳能热水器行业的领军品牌！

无边界创新整合战略萌生在资源匮乏的企业初创期，是身处绝境、破釜沉舟状态下的一种特别收获。它让我们找到了适合企业自身的快速发展模式，从技术创新到产品创新、从渠道创新到营销创新，从最初的3 000名跃升到今天蝉联行业冠军的领导品牌，创造了行业内的奇迹，超越了我们的预期。

牵手北大，定出身

仅仅使一方受益是远远不够的，双方共同获利才是整合的最佳契合点。

无边界创新整合思想的成功运用，使得后发展的、资源匮乏的企业，拥有了比竞争对手更有效的竞争手段。回顾整个四季沐歌的发展历史，其实就是无边界创新整合思想贯彻的历史，是"无中生有""拿来主义"的历史，是不断兼容并包、创新突破的历史。过去十几年的企业发展无不体现着这一核心营销思想。也正是因为有了这种思想，使得企业能够始终和巨人在一起，始终站在巨人的肩膀上，最终成为行业的巨人。

牵手北大，获得品牌 DNA

企业的成长是一个过程，从无到有，从小到大，从弱到强。在这个过程中，一开始和谁站在一起非常重要，就像出生的小孩选择什么样的教育环境一样，起跑线决定了他今后的人生发展轨迹。

牵手北大，让四季沐歌有了品牌发展的 DNA，有了品牌的身份证，通过努力，终于获得了一个师出名门的好血统。

2000 年我们企业刚起步，一开始只是一个默默无闻的企业，谁也不知道我们是干什么的。凭空跳出一个企业，而且生产的是可选择的耐用消费品，日常关注度不高，消费者凭什么埋单？因为技术强？功能先进？还是价格低？都不是，而且一开始也做不到。这是一个初创企业必然面临的困境，正所谓万事开头难。从某种意义上，要想改变消费者的行为，让消费者接受你，首先要建立信任。尤其是在中国市场，这一点尤为重要。

考虑到要在技术上和其他品牌有差异性，要取得消费者的信任，就必须找到一个重量级的合作伙伴，必须从一开始就和巨人站在一起；虽说这样我们不一定能成为巨人，但至少证明我们不是普通人。

当时，太阳能热水器行业有两个流派：北大的三靶干涉镀膜技术流派，以及清华的选择性镀膜技术流派。后者发明了真空管技术，当时的清华代表了行业的最高水平。但最后我们为什么把北大定为战略合作伙伴呢？这就是我们所追求的消费者信任和品牌差异性。清华毫无疑问保证了第一项，但当时几乎所有的太阳能热水器用的都是清华的技术，即使这个技术再好，我们用了也只是跟风，跟得再好也还是和大家一样，没有差异性优势。

在当时的情况下，选择北大的技术是有一定风险的，但是跟风就没有风险吗？在大家都一样的情况下，你所拥有的资源是最少的，你是处于弱势的。但我们认为创业本就充满风险，相较之下成为北大技术的最先使用者的风险反而小一些。当人人都去追清华的时候，我们权衡再三，最终选择了北大。当时太阳能最关键的核心部件——真空管的核心技术一直掌握在北京大学新能源中心手里，我们没钱买断专利，就大胆设想用该技术生产的产品可以买断，就像我们的电脑使用英特尔芯片一样。

这个想法在徐董事长探求太阳能真谛时感动了业界专家韩老师，他为我们引见了北京大学新能源中心的赵教授。该中心隶属于北京现代物理中心，科研实力雄厚，人员主要由北京大学重离子物理所和物理系的教授及高级工程师组成，该中心曾在1995年研制成功了国内第一台中高温太阳集热管的三靶溅射炉，其生产的不锈钢氮化铝双层陶瓷镀膜全玻璃真空集热管居于世界领先水平。

经过北大新能源中心领导反复研究，最后同意为四季沐歌提供太阳能技术支持，由此掀开了太阳能行业发展史上重要的一页。2000年9月，掌握了行业核心技术后，第一台四季沐歌太阳能终于诞生了；次年4月，产品在全国全面上市，"北大新能源，轻松每一天""管好才管用"轰动了整个太阳能行业，以技术创新为核心竞争力的四季沐歌问世了，一出生便拥有了名门的血统，镌刻上了技术创新的印记。

营销的本质是要发生关系，我们一个毫无名气的企业，想跟北京大学合作，是需要付出一些代价的。为了显示自己具有一定的实力，我们在当时很困难的情况下在北京大学设立奖学金，进行慈善公益活动。当时的仪式现场，我们跟北大校长签约、合影留念，后来诺贝尔物理学奖获得者杨振宁博士也关注了我们，因为北大新能源中心是他创办的。我们的真诚和创意打动了对方，我们最终如愿和北大新能源中心合作。这一系列的事件，让我们一个默默无闻的小企业，知名度迅速提升上来。这些关系自然而然地影响到终端的销售上，变成终端销售说服用户最有力的证明。

为了进一步增进和北大的合作关系，我们随后还设立了北京大学最高的个人奖学金，来资助北大那些品学兼优但家境贫困的学生。这一举动从侧面让北大认可我们是一家有责任心的企业，有公益思想的企业，这个传统一直保留到今天。就这样，通过和北京大学的合作，形成了我们在市场上独一无二的太阳能热水器技术品牌形象。

发掘价值，市场换技术

在资源整合过程中格局要放大，不能算小账，要看长远。对你来说是战略资源，在对方看来很可能是一个可有可无的合作对象。只有双方都有需求才有合作的可能，单相思是没有用的，一定要找到自己的价值，再找到别人的价值，然后做价值交换。

四季沐歌和北大能够坐下来牵手基于两点：

第一，技术与市场的互补。当时北大只有技术、产品，却不了解怎么做市场；而我们直接面对广大的消费市场，却苦于技术的欠缺。我们要以技术创新为企业立足点，要整合最先进的技术，就必须背靠一颗足够粗壮的大树，作为企业发展的支撑，作为竞争的核心武器。也许你还不能成为第一，但可以成为唯一。在北大看来，这项技术卖给谁都一样，但对于我们来说这就是我们的战略资源，即使多花一些钱也是值得投入的。

第二，做公益。企业开始创立的时候，规模大小是一方面，但是企业经营的哲学、价值观非常重要。就像人一样，能不能在社会上立足，和他的价值观、品行、责任感是有关系的。北大对我们的公益理念、有责任心的形象一开始就非常认同，这样双方就有了合作的契合点。除了在北大设立奖学金，我们还在奥运期间资助了北大的乒乓球馆，随后还有一系列的公益行动。我们在一开始就给企业注入了公益的DNA，奠定了企业在公益领域的品牌影响力。

与北大的牵手对我们非常重要，不仅仅体现在知名度的提升，其中涵盖有核心技术、慈善公益、公关事件等合作意义，奠定了我们很多重要的无边界创新整合案例。以此为契机，我们逐渐开启了一系列经典的跨界整合营销活动。

营势关键点：

在资源整合的过程中格局要放大，不能算小账，要看长远。

携手航天，嫁豪门

虽然没有拿到名牌、免检这样所谓的"帽子"，但我们有整合资源的"脑子"。脑子比帽子更重要。

资源整合不是一蹴而就的，是需要一步一步地向前推进的。首先要想方设法使自己先进来，拥有一个身份象征，为自己背书，比如我们和北大合作。但是光靠一个资源的合作还不行，还需要不断地为自己增加不同重量的砝码。

有一本书叫《世界是平的》，其中有一个理念叫"对等"，就是我们能给你带来什么，你能给我们带来什么，我们给你带来的是一点，你给我们带来可能也是一点，我们不可能把对方的全部整合进来，只需要整合一点就行。我们就是通过这种思路来洽谈合作，与中国航天的结缘就体现了这么一种操作思路。

◉ 品牌帽子理论

有一个成语叫"借冕播誉"，冕，是指皇帝的帽子。这个成语的意思是借助皇帝的权威来传播自己的声誉。在营销的框架中解读这个成语，"冕"已经不再单指皇帝的帽子，而是指美誉和声望，借冕的目的在于营造一种光环效应，天时、地利、时机、重大事件、社会热点等都是可借之物。

2003年10月15日，"神舟五号"将航天员杨利伟送入太空，全中国人都知道了杨利伟，也知道了一个非常成功的企业——蒙牛。那个时候我们企业还很小，没能赶上时机，但是蒙牛的合作案例给了我们很大的启发。2005年，四季沐歌在太阳能行业第一次评选中国名牌和国家免检产品中双双失利。没有了国家的权威认可，我们又凭什么卖高价格，凭什么说自己是知名品牌呢？于是，很多合作伙伴因为我们没有拿到免检，没有拿到名牌，而放弃我们转投其他品牌，很多经销商也跑了。与此同时，由于国家要求清理企业和高校合作的关系，今后企业再不能打着高校的招牌做宣传，北大资源效应也难以进一步发挥影响力，我们重新回到了一无所有的状态，企业面临着非生既死的危急局面。

这种局面下，我们重新思考，提出了"脑袋比帽子更重要"这样一种观念。虽然没有拿到名牌、免检这样所谓的"帽子"，但我们有整合资源的"脑子"，有"脑子"就不会缺"帽子"。除了这些"帽子"，还有什么可以为企业背书呢？市场竞争讲求差异性，免检和名牌多了，就变得不再重要。我们懂得如何去发掘外部的优质资源。

资源整合就是一个营销的过程。不断寻找身边的资源，洞察、满足对方的需求，然后第一时间站出来提出合作，对方自然没有道理拒绝你，双方就可以坐下来谈，只要深入谈，总能找到合作的最佳契合点。任何拥有大资源或大背景的政府机构、企业其实都像一个个消费者，他们都有各自的需求。从营销的角度去解读，可以发现他们的需求其实并不复杂。

营势关键点：

资源整合就是一个营销的过程。

总结下来，能否整合成功，有几个关键点需要把握：

第一是捕捉机会，你要比别人更早捕捉到对方的需求。

第二是速度，一旦有了机会，一定要第一时间去满足他，要不然就错失了机会。

第三是资源对等或交换，随着自身成长，你也有了自己的资源，可以拿去跟别人进行资源互换。比如我们当时就已经拥有近两万个渠道，做任何宣传、科普等活动时，企业一声令下就可以实现一夜之间遍布我们的渠道，快速影响到千家万户的消费者。这就是我们资源整合、洽谈合作的资本，也是对方非常看重的价值点。

捕捉热点，挖掘金矿

营销的理论都很简单，但将之应用到工作中却不容易。企业做到就成功了，做不到就失败了。这只有靠你自己去洞悉，去研究，要关注社会热点事件。企业负责人要认清自己，要有敏锐的触觉，最好是有一个专门的机构来做信息搜集。通过以前的很多成功案例，我们发现，只要朝着既定的方向走，积极捕捉热点，捕捉十个可能有一个成功，这就够了。社会上每天有大量的热点事件可以捕捉，第一时间发现，第一时间落地，如果不能比别人动作快，就要付出更多的代价。

权衡再三，我们最终选择了"中国航天"这个当时最热门的话题。2005年10月12日，搭载航天员费俊龙、聂海胜的"神舟六号"载人飞船顺利升空。全国人民再次对中国航天事业投注了无限的热情，更重要的是航天形象代表了国内乃至世界的顶尖水平，社会口碑极佳。因此，我们认定航天资源是一笔巨大的财富，是一座值得开发的巨大金矿，谁先开采谁就能抢占行业的制高点。撇开他们的技术，仅从影响上看，也是一个不可多得的战略性资源。如何让航天资源为我们这样一个太阳能热水器的企业所用，是一个很值得思考的问题。

航天技术是零缺陷的，一个小小的纰漏就会引发灾难性事故，因此航天代表着最精尖的技术。从品牌背书的效力来看，航天的背书远远超过其他名牌、免检产品的背书。经过两年多的运作，我们提交了一系列商业计划书，费了很多周折，终于打动了对方。2007年1月27日，在北京大学英杰交流中心，我们正式和中国航天基金会签约。

在与中国航天合作的过程中，中国航天基金会觉得我们这家企业非常不错，这其中北大的技术背书起了很大的作用。我们从一开始就和北大合作，采用了北大研发的最先进的技术，在行业内有很好的品牌美誉度。中国航天也愿意与我们合作，一起开发民用产品。中国航天技术虽然很高端，但是和民生离得比较远，所以中国航天很愿意把尖端技术转向民用，造福于民。同时，太阳能行业的其他企业因为有了免检产品和名牌产品这样的大帽子而满足，或是没有看到与中国航天合作存在的巨大商机，而没有联系中国航天。于是，我们主动出击，争取到了行业内唯一一个中国航天的合作伙伴席位。

为什么中国航天愿意跟我们合作，因为他们在商业计划书中看到了我们有能力、有决心推广航天科普知识，这也是他们想要的。在一开始合作的时候，我们也知道不是给中国航天多少钱，他们就愿意跟某个企业合作的。他们需要做航天科普，让国民持续关注航天，了解航天精神和发展历史，激起民族自豪感，这是他们需要的。因为他们毕竟是研究机构，在科普上力有不逮。但我们有这个能力、有这个推广渠道和资源，我们把他们想实现的东西全部落地，满足了他们的需求，同时又强化了我们独一无二的身份。我们的品牌信赖度、高科技的背书也就都拥有了。

全方位引爆航天价值

整合了航天的品牌和技术资源，我们就插上了除北大之外的另一只翅膀，开始展翅翱翔了。《史记·滑稽列传》："此鸟不飞则已，一飞冲天；不鸣则已，一鸣惊人。"结合航天的飞天梦想，我们取了里面的"飞天"两个字，作为最新开发的产品的名字。航天持续受到关注，老百姓对航天的热情持续高涨，我们整合航天的一系列要素，并把这些要素全方位落实到我们的终端渠道上，在全国开展了买"飞天"送"神六"、赴航天城看发射的促销活动，一下子在全国引起了轰动。毕竟航天是稀缺资源，而我们是太阳能行业唯一的航天事业合作伙伴，此举扭转了我们在品牌上的弱势。

中国航天不能总是高高在上，也需要让老百姓知道，也需要落地，让更多的人了解。所以我们针对航天的这种需求，制定了一系列的推广活动。我们在终端启动了大规模的航天科普活动，比如登月舱、火箭发动机、"神舟一号"、"神舟二号"等，举办航天展，到每个地方都引起了轰动。在广场上做航天科普展，配套产品展，既宣传了航天的基本知识，又宣传了我们的产品。我们搞的航天科普展都是免费的，在我们之前的航天展都是要花钱的，航模市场是很紧俏的，而我们对市民免费开放，因此吸引了大批的人过来观赏。我们还开发了航天小游戏，普及航天知识，宣传我们的产品，取得了很好的效果。我们工作服的设计也参照了蓝色航天服。

图 2-2 "航天科普大讲堂"活动启动仪式

我们的方案可以细到终端的一个物料，从专卖店产品上的宇航员、航天科普知识、促销礼品太空杯，到我们外面的航天气模人、卡通人。对于后者，小孩子很喜欢。把航天气模放在车上，车到处去拉着巡街去，大家一看这是什么东西，原来是落地的航天展，我们做的模型仿真度高，很多老百姓拖家带口去看，因为之前在电视上才能看到，而现在就摆在面前，这让他们感觉很新鲜，因此，现场很轰动，活动效果非常好。通过持续开展这样的活动，我们的品牌形象提升非常明显。

从产品技术、营销理念，到产品包装、产品促销、终端物料，再细到一件工作服、一个促销品，我们在终端都有严格的执行标准。此外，我们还和中国航天及宇航员一起搞航天巡展，每次航天盛事，我们邀请他们一起参与活动，制作航天气模进一步强化航天事业合作伙伴的身份，凸显我们在中国太阳能行业中的唯一地位。

第二章 营势就是做整合

图 2-3 《人民时报》(2008 年 9 月 27 日)第 6 版，报道四季沐歌

在随后的 2011 年"神舟八号"上天时，我们和中国航天搞了一个"携手神八，交会梦想"的活动，赢得 1500 多万人次的关注，共征集了 200 余万条影像资料，我们认真筛选出一部分跟随着"神舟八号"遨游了太空。该活动非常契合航天英雄杨利伟的心愿，他积极参与进来，活动的启动仪式和后续相关工作都由杨利伟亲自操作。一个中国航天英雄穿着军装参加一个企业的活动，现场效果很轰动。

在一系列全方位、系统性的终端活动之后，飞天产品创造了行业销售的新纪录，短短 3 年多，仅这一款单品就卖了 100 万台，迄今为止再也没有一款产品的销量超过它，整个太阳能行业也没有任何一款产品能够超越它。这款产品的成功是经过精心准备的，所以说世界不是属于有钱人的，世界是属于有情人、有心人的。借助我们非常完善的航天营销方案，把航天的要素最大化地落地，全方位地对航天知识展开科普宣传，这是我们营销推广能够成功的关键因素。如果没有完善、系统的方案去推动资源的落地，就不能发挥出他们轰动的效应，反而会浪费很多资源。这时候考虑的不是你的财富，而应是你的智慧，是你整合及使用资源的能力。

[案例] 航天带来的生意经

四季沐歌山西经销商黄老板与四季沐歌的合作可谓一段好姻缘。2007年,四季沐歌成为行业唯一"中国航天事业合作伙伴",正是这份荣誉让黄老板对四季沐歌"一见倾心"。

黄老板心中一直有个"航天梦",为此,他曾经4次参加航天员考试。选择品牌的时候,他毫不犹豫地选择了四季沐歌。他说,尽管没考上航天员,但加入四季沐歌也算是圆了自己的"航天梦"。一见到四季沐歌,他就感觉特别有缘。黄老板看中的不是别的,就是对航天科技的信赖和四季沐歌的"品位"。因此,在自己做活动时,他也时刻记住四季沐歌作为"中国航天事业合作伙伴"的尊贵与品位,不放过任何细节来展示企业实力。

在公司的规划下,黄老板采取了"农村包围城市"的路线,取得了显著的效果。在2013年的几场乡镇大型割草活动中,好几家品牌都搭台演出,竞争十分激烈。由于其他品牌请来的都是当地的演出队,而黄老板却请来了四季沐歌专业的艺术团,所以四季沐歌舞台下挤满了人。看着台下的观众,黄老板忍不住跑上台去充当了一把主持人:"各位观众,我们四季沐歌心连心艺术团是从北京四季沐歌总公司派来的,其中有获得全国歌唱比赛的冠军,有来自"杂技之乡"的国家二级演员,谢谢大家观看!最重要的是,四季沐歌是中国航天事业合作伙伴,航天科技代表着国家最高级别的技术,我们的产品是真正的国家免检、中国名牌!"

随后,他又乘胜追击,在县城中心积极开展小区活动、建设店面,他还把隔壁其他品牌的经销商挤垮了。2013年7月份,黄老板盘下了对手的店,并利用这个店面开了一个新的四季沐歌旗舰店!

太阳能行业唯一的航天事业合作伙伴这块金字招牌让我们快速找到了营销的突破点。除了我们之外，其他行业的中国航天事业合作伙伴也有不少，有些企业拿到这个资源以后放在企业内部，没有结合自身资源进一步放大品牌影响力；由于没能很好地整合资源，最终形成资源浪费的也不在少数。而我们通过系统与落地的营销，使老百姓一提起航天就想到我们，可以说营销工作做得非常成功。因此，做营销工作切记：营销大于认知，没有传播就等于没有发生，这是营销工作中是非常重要的理念。所以一旦整合到适合的资源后，就要不停地传播，不遗余力地传播，全方位地传播，资源才有可能落地，才能成为你的。

营势关键点：
营销大于认知，没有传播就等于没有发生。

借势低碳，扬帆起航

低碳经济已经成为全球经济的大趋势、大格局。低碳营销不再仅仅是一个口号或概念，而是一个系统的行动。

2009年12月，举世瞩目的哥本哈根世界气候大会召开，让世人的目光再次聚焦低碳经济。低碳经济已经成为全球经济的大趋势、大格局。随之而来的是，国家对这一绿色产业的布局迅速铺开，新能源产业品牌正面临前所未有的快速发展机遇。在这样一个不可逆转的趋势下，如果你对它潜藏的巨大商业机会视而不见，那么要想赢得未来几乎是不可能的。低碳营销不再仅仅是一个口号，也不再只是一个概念，而是一个系统的落实行动。

乘着全球低碳经济大势，我们开展了继"上天计划"之后的"入海行动"。2010年1月29日，我们通过大手笔运作，在深圳沙头角把明斯克航空母舰整个包下来，邀请来自全国各地的精英经销商和合作伙伴，齐刷刷站在航母甲板上，以一个中国公民的名义向哥本哈根会议发出声援，呼吁全球的企业和公民"关爱绿色星球，共建低碳家园"。活动吸引了全国40多家主流媒体、2 000多家经销商和20多家知名企业的参与，活动正式发出《一起行动，引领低碳经济，做绿色的主人——中国10万名公民绿色行动宣言暨四季沐歌全球倡议书》，2 000多名中国公民庄重地在倡议书上签名，并在全国征集10万个签名，向世人诠释了太阳能热水器领军者的企业责任和绿色公民意识。

选择在明斯克航母上举行年会活动，并发布全球绿色行动倡议书，在整个行业乃至相关产业都引起了很大的轰动效应。这是一个标志性事件，是在全球金融危机的大背景下的壮志之举，意在提振行业声威，呼吁整个社会对新能源经济的广泛关注。通过这次会议的发声，整个行业想都不敢想的事情我们做到了，经销商都吃惊了，都觉得特自豪，觉得大品牌确实有面子。这次活动吸引了无数人的眼球，营造了一个非常好的气场，将我们拉升到一个非常高的资源平台上，为品牌塑造了一个良好的口碑和形象。这次会议看似一次企业的年会活动，其实影响深远，不仅呼应了不久前的哥本哈根世界气候大会，而且把四季沐歌引领行业未来发展的方向，肩负行业重任的大牌形象一并传递给广大的受众。

借助本次全球绿色倡议，我们找到了通往低碳营销的一条有效路径。四季沐歌从携手世界 500 强推出全球首台绿色无氟太阳能产品后，从产品制造、产品使用到企业行为都实现了真正意义上的绿色环保，这不仅切合了行业属性，同时也对消费者的观念进行了一次革新，由关注热升级为关注健康环保，"双绿标准"也成为人们购买太阳能的新标准，四季沐歌因此成为太阳能行业标志性的低碳航母，推动整个光热产业成为继家电、汽车、房地产后的另一支柱产业，形成了一种爆发性的引导力量。

借力央视，晋级贵族俱乐部

"心有多大，舞台就有多大"，大品牌必须要站在大舞台的中央。

牵手北大使得我们在太阳能行业生存下来，并成功跻身名门望族；随后"名牌""免检"的危机突破，我们又加冕上了太阳能行业唯一的航天事业合作伙伴的帽子，不仅让我们又一次转危为安，而且实现了品牌的快速崛起。出了名之后，就要考虑利，考虑如何带来更大的市场回报。虽然我们已经和北大合作，与航天牵手，但当时不论从销量还是品牌来看，我们都还是一支新军，优势还没有进一步放大。2008 年的金融危机则给了我们一个弯道超车的机会，一个全面超越对手、最终成为行业第一的机会。

我们首先考虑的是对危机的认知问题。危机有两部分，一部分是危险、挑战、风险、阻力、挫折，还有一部分是机遇和机会。2008年，全球经济低迷，市场一片萧条，大量劳动力失业，企业压缩投资过冬，这是大多数企业面临的困难。而新能源行业本身的实力就不够，加上全球汹涌而来的金融危机，企业不景气在所难免，整个行业受到了很大的冲击。当时的企业大多很悲观，采取的基本都是收缩投资、压缩费用、减少广告费等手段来应对金融危机。

营势关键点：
危机是甩开竞争对手的大好机会。

逆市踩油门，找准大舞台

做企业，风险和机遇是并存的，不能只想好处，不想风险，或者害怕风险而不敢往前走。我们分析了太阳能行业在这轮经济危机中所受到的影响，认为应该借助这次危机，完成自身在行业的超越。显然我们看到的是危机里的机遇和机会。我们斟酌再三，综合分析，从企业的发展阶段和整个行业的形势来看，当时的渠道布局已经完成，经销商缺乏的是信心，我们整合市场缺乏的也是信心。温家宝总理说过"信心比黄金重要"，如果向我们的客户、消费者传递出企业必胜的信心，必须站到另外一个大舞台上去；只有站在这个舞台上，企业才能在品牌上超越竞争对手，成为行业老大。

想做行业老大，就必须做其他企业都做不到的事；要想成就第一，品牌就必须站在大舞台的中央。尽管小舞台表面上看是省了很多钱，但你会发现你的周围站了很多人，很少会有观众关注到你，而大家的目光都齐刷刷聚焦在了舞台的正中央。这个大舞台的中央就是中央电视台的黄金资源招标段，这个时间段一直以来就是中国经济的风向标，是中国品牌的奥斯卡。可以说中央电视台每年的黄金资源招标，就是中国最顶尖的品牌面对面的厮杀，每个行业的前几名才有可能来到这个舞台。

洞察需求，强势出击

先定位然后迅速占位，借央视这样独一无二、高端强大的资源平台，我们做了很多的准备工作。

首先是深入了解对方的需求。在全球化金融危机的大背景下，央视也需要新的企业来更新自己的形象。之前成为广告标王的酒类企业居多，但央视不能总是"卖酒"，急需培养新的行业客户成为标王。为此，央视也采取了一定的策略，提出"培养第一 激发第二"的方法，试图激起各行业除领头羊以外的企业的雄心。经过分析，我们看到了央视的这一需求，所以勇敢地站了出来。

其次是分析自己。我们作为新能源行业的新生品牌，和北大合作，又是中国航天合作伙伴之一，在技术和品牌上非常有优势。我们的形象也非常好，又是做新能源的，对央视来说，在金融危机背景下发展一个新客户是有战略意义的，可以撬动一个新的行业。而我们有超越领先者，成为行业第一的迫切需求。

最后是整合资源。任何的合作都是基于双方各有所需，否则合作不会长久。央视作为一个高端宣传资源和平台，具有很好的覆盖率、权威性、到达率、收视率，在中国乃至在全世界，都找不到像中央电视台这样具有广泛收视群体、广泛影响力的平台，任何一个想有所作为的企业都不会放弃这样一个平台。而作为央视最紧俏、最优质的广告资源，黄金招标时段一直备受大企业追捧，但是巨额的广告投入又将无数中小企业挡在门槛之外，只有有能力、有实力的企业才能在央视这个舞台上纵情起舞，这正是我们倾力打造第一品牌所急需的战略性资源，也是我们志在必得的借势之举。我们需要一鸣惊人，需要在央视的舞台上亮相，需要让全国人民知道，需要向公众展示实力。而央视需要新鲜的血液、新鲜的面孔、新鲜的行业，需要有黑马出来。双方都有对方所需的资源，因此双方的合作一拍即合。

2008年11月18日，央视招标现场汇聚了中国最顶尖的一百多个品牌，长达十几个小时惊心动魄的投标，我们成功竞得2009年《新闻联播》后、《焦点访谈》前两大优质黄金资源广告权。投完以后，晚上大概12点多钟，消息已经通过网络和电视传播出去了，我们很多的合作伙伴和员工都发短信或打电话给我，都非常振奋，很多员工听到这个消息以后都非常激动，那种场面至今依然难忘。通过这次招标，企业给了他们一个明确信号，我们对行业、对品牌非常有信心；我们也希望通过这种实际行动来告诉我们的合作伙伴，或者是即将成为我们合作伙伴的人，这是个逆市上扬的好机会，应该在别人都在观望、等待的过程中果断发力，这样才能脱颖而出，实现弯道超车。

这也是我们下决心在央视黄金时间段竞标的重要目的，特别是在当时整个国家大的走势不是很明朗的情况下，很多人还处于观望的状态，房地产不景气，我们的合作伙伴对下一年度信心不足。有些传统企业退出了这个竞争的舞台，有些仍然很活跃，也有新的力量加入，新能源行业以前并没有多少人关注，在我们竞标成功以后很多人突然对新能源产生了关注，尽管还有很多人对我们的行业不了解。这次竞标成功使得我们在行业内首开央视黄金资源投标的先河，标志着太阳能行业的迅速崛起，并正式登上中国经济舞台。

2009年11月18日上午10时15分，在央视2010年黄金资源广告招标大会上，我们再次以2.204亿元成功竞拍央视一套《天气预报》特约播映、《天气预报》1+1及早上《朝闻天下》独家特约冠名三大黄金广告资源，蝉联行业之冠！此次招标非常顺利，我们直接暗标入围，五个单元均是第一选择权，再次打破往年一向都是宝洁、大众、蒙牛、中国银行等巨头主导的惯例，引领新能源行业继续呈现强劲势头。

2014年11月18日，北京梅地亚中心，央视2015年黄金资源广告招标会盛大召开。四季沐歌在众多知名企业中突围，成功中标《新闻联播》后标版广告第五单元和《朝闻天下》栏目全年冠名的黄金广告资源，在行业内连续七年问鼎"标王"，显示出其在企业升级转型过程中的坚定决心及多元化战略部署，传递出四季沐歌持续领跑新能源产业、提振行业信心的龙头品牌地位。

中标央视不仅仅是投资广告，而是投资未来。2008年以来，通过数年的央视黄金段位广告拉动，品牌逆势飞扬，大大增强了经销商的信心，鼓舞了企业员工的斗志，让消费者相信了品牌的力量。数据显示，四季沐歌在央视广告黄金资源的招投标中，中标金额呈上升趋势，2009年中标3 120万元，2010年中标金额超过5 000万元，2013年中标7 000万元。实际上，这只是每年广告招标会上中标的额度，四季沐歌在央视投放的广告金额远不止此。

◎ 弯道超车，从唯一到第一

在恰当的时间，恰当的机会点，四季沐歌全力以赴完成了转折性的一跳。但营销的关键是，完成"惊险的一跳"能带来一时的荣耀，要取得理想的效果，必须有后续系统的动作。我们一拿到黄金资源招标段后，就利用各种不同的途径把这一信息传播出去。第二天，各大门户网站基本上都对我们做了详细的报道。这不仅在整个太阳能行业产生了巨大的震动，就连在广告圈里影响也不小。大家都想知道是哪家企业抢占了央视这么好的资源。我们把所有的传播资源都进行了梳理，包括平媒的、互联网的、线下的等，并在第一时间将利好消息散发出去。不管是经销商还是市场营销人员，因为我们站上了央视这个大舞台，在行业的冬天里被激发出了火热的激情，信心满满、浑身铆足了劲。

这时候做什么不重要，第一个做才重要，既是唯一又是第一。第一所带来的效应是非常大的，意味着我们站在最高处，行业最好的资源都变成我们的了。所以，接下来我们的招商、市场推动都势如破竹，经销商的信心完全被激发起来了，很多连带的反应都起来了，形成了一连串叠加的效果。

中央电视台的覆盖轻松解决了渠道下沉的难题，随后2009年国家刺激经济的4万亿下来了，主要包括新农村建设、惠民工程、家电下乡，这对我们来说是一个机不可失、时不再来的绝好机会，我们顺势踩着油门一冲就过去了，从而顺势摘到了家电下乡的巨量果实。而很多企业却还在观望，有些正在踩刹车呢，一步停下就错失了机会，再想追就来不及了。

因此，整合资源一定要抓住关键点。抓住了这个关键点就可以帮助企业实现弯道超越，一举从唯一跃升为第一，彻底超越龙头企业。到2012年，我们全面超越了竞争对手，成为行业销量第一。今天回想一下，我还是颇有感触的：得势不得势往往就是一步棋下得好不好，其他企业都在收缩，而我们高歌猛进，持续地投入，一下子就把对手打懵了。

营势关键点：
整合资源一定要抓住关键点。

2000年以来，我们逐渐拥有了北大的身份，有了中国航天作为载体，再加上央视舞台作为撑杆，我们已经在资源整合的关键点上实现了惊险的3级跳，奠定了我们在行业中的领导地位。每一次跨越都是危机重生下破釜沉舟的大挑战。并不是我们比别人多优秀，而是我们比别人少犯一点错误，少走一点弯路，比别人多付出一点点，执行得比别人彻底一点点。当然，必不可少的还有胆略和勇气，敢做总比不做强。如果你能够想得更完善、更系统，效果会更棒。正是这一点点的积累，确保了我们能够顺天时、取地利、得人和，才可能将资源价值最大化。2013年3月，国家统计局中国行业企业信息发布中心发布"第十七届全国市场销量领先品牌暨2012年度消费者最信赖品牌课题"研究报告，四季沐歌太阳能列2012年度全国同类产品销量第一。2014年3月22日，中国行业企业信息发布中心举办的"全国市场主导品牌暨2013年度消费者最信赖品牌高峰论坛"权威发布，四季沐歌太阳能蝉联全国销量第一！

联手团中央，跻身大公益

不能把眼睛只盯在掏钱的消费者身上，社会公众是一个更大的生态系。

不管是金庸，还是梁羽生，或者其他的武侠小说作者，在撰写的武侠小说里都提到了很多派别。这些派别明争暗斗，掀起了江湖上的血雨腥风，但唯有两个门派一直受人尊敬，就是少林和武当。特别是少林，虽然少林武功千百年来可以统领江湖，但是在武侠小说里，少林并不是以武功统领天下的，而是以慈悲为怀、放下屠刀立地成佛、化干戈为玉帛的教义来感化世人，最终赢得整个武林尊重的。

其实，经营企业和经营一个武林帮派有异曲同工之处，很多成功的企业不仅在商业上取得令人佩服的成绩，在品牌的积淀上也有深厚的文化内涵，同时非常注重传播爱心，投身公益慈善，让更多的人分享企业创造的成果，成功的商业经营与传播四方的爱心使他们成为行业内真正受人尊敬的企业。

2008年借势央视的同时，我们同步开展了公益营销，并在公益慈善方面做出了自己的努力。汶川地震时，我们的高管包括董事长在内都正在深圳学习，得知消息后，就从深圳直接去了德阳、绵阳等地震现场。他们的动机很简单，就是觉得一方有难，八方支援。到了那里才知道我们能做得实在太少了，针对天气炎热又没水的情况，我们当即捐了7个淋浴系统以及相应的物资、物料，好让灾区的老人、小孩、妇女能洗个温水澡。之后,我们又捐钱建了一所学校。

借势团中央

2008年汶川地震之后爆发的全球金融危机对中国来说更是雪上加霜。农民工从城市返回家乡,就业问题突出,政府压力非常大,这是社会问题。为了帮助返回乡村的青年,解决他们的创业及就业问题,团中央和联想集团共同开展了促进乡村青年就业创业示范项目。这一活动给了我们很大的启发,因为我们当时的需求是渠道下沉,拓展三四级以下市场,这就需要我们解决大量的网点开发、机器安装等人手问题。

一边缺人,一边是大量人员无工可做。双方的利益需求点一下就被我们找到了。于是,我们果断出手,和团中央合作启动了"阳光创业行动"。这个行动以促进乡村大学生、大学生村官、从城市返乡的乡村青年等群体的就业和创业为重点,在全国开展200期实用技术技能培训,为乡村培养了一批懂技术、善经营的实用型人才。我们连续做了200场培训,每场100人,共培训了20 000人。培训出来的学员有三个去处:一是我们提供的创业平台,通过创业带动就业,解决他们的生存和发展问题;第二,我们的很多经销商需要技术安装服务人员,可以吸纳一部分人再就业;第三,通过培训,让他们学到了各种技能,他们可以到同行企业去就业。

团中央的影响力与宣传覆盖能力非常强,通过和他们的合作,我们为20 000名乡村青年提供了就业和创业的平台,迅速解决了政府的棘手问题,同时通过"阳光创业行动",我们建立了和当地政府良好的互动关系。"阳光创业行动"本身就是公益行为,但又解决了我们企业自身的问题。招员工，对员工进行培训，夯实和开拓三四级以下市场，这些动作即使没有和团中央合作，我们也是要做的。

阳光助学，打造生态圈

继联合团中央开展"阳光创业行动"之后，我们陆续开展了一系列社会公益活动，并提出了平等公益的理念。我们认为慈善不是给予和被给予的关系，更不是施舍和被施舍的关系，在做公益的过程中双方很平等，我们帮助了别人，其实也净化了我们自己的心灵。

营势关键点：
我们认为慈善不是给予和被给予的关系，更不是施舍和被施舍的关系，在做公益的过程中双方很平等，我们帮助了别人，其实也净化了我们自己的心灵。

我们每年都会启动"阳光助学金"，让家里条件不好但又很有能力的大学生有展示自己才华和创业、就业的机会。如果说只是让企业掏钱资助大学生创业、就业的话，我们认为这种行为是不可持续的。而我们一直追求可持续的公益，一种平等的公益。我们在很多地方本来就要搞活动，搞科普，搞下乡活动，搞"村晚"，送文化下乡，这本身就需要大量当地的人。我们招募很多贫困的大学生，给他们提供寒暑假实习的机会，随我们一起下乡。我们的人听不懂当地的方言，不了解当地的风土人情，这些大学生就帮上了大忙，帮助我们与当地人沟通。他们也可以通过这种实习，通过参与我们的活动，参与我们的市场销售行为赚取报酬，这完全是通过自己的劳动所获得的回报，因此，也容易帮助他们树立信心。

此外，我们还拍了一个微电影，叫《回归》，就是讲四川一个小女孩的真实故事，用以探讨平等理念。这个小女孩儿叫一凡，在汶川地震中失去了姐姐。在灾后4年的生活与学习中，她得到了很多爱心人士的帮助，也在各界人士的帮助下到了更好的学校去学习。但是外部环境的改变、姐妹二人截然不同的命运让她疑惑：为什么生命竟会有这样的不平等？为什么有些人生来就富贵，有些人生来就贫穷？这是一个很大的社会话题，涉及平等公益这样一个很深刻的理念，这就奠定了我们做可持续公益、做平等公益的基础。

我们立志将公益的种子在乡村播撒下去，在"润物细无声"中，让受益的人把这颗种子在心灵里藏下来，并且以后能够把这种爱心发扬光大，传递下去，这样的公益就是可以持续的公益。"授人以鱼，不如授人以渔"，给别人一些技能，别人用了这种技能就可以获得更多的鱼，就可以帮助别人，这样就能够把公益的火种传递下去，公益之路始终不会断掉。

这种公益行为，实际上不但我们在做，我们的经销商也在自动自发地做，他们也感知到作为企业一员的一种责任。通过我们的阳光助学活动，不仅让经销商赚了钱，拓展了市场，完成自己想做善事的心愿，赢得了尊重，同时又解决了他们市场的问题，他们会特别有成就感。

企业做商业活动或在经营市场的过程中，除了商业上的竞争之外，还可以通过可持续的公益来构建更加丰满的品牌形象。即便你不是一个领导品牌，也不是行业第一的品牌，但并不妨碍你成为一个有责任心的品牌，一个有爱心的品牌。一个愿意把公众装在心里的品牌，公众才会把你装在心里。企业有打动人的价值观，才会得到消费者的认同和好感，产品才能顺利地被购买。

缔结世界 500 强，从伴舞到共舞

资源不仅需要"整合"，还需要"挑选"。
这是更深层次上需要解决的问题。

做品牌不是一蹴而就的，创建一个有影响力的品牌，需要从不同的角度去丰满它。我们携手北大、中国航天、央视、团中央等，再加上持续的公益活动，已经使自己逐渐成为一个公众品牌。对公众来讲，企业的背景、产品的技术并不是他们关注的重点，从铺天盖地的广告上就可以或多或少地了解一些，企业品牌在他们心目中或许只是个模糊的印象。如何在公众心目中建立品牌高端大气的形象？赢得消费者的好感比较容易操作，但是如何从行业品牌中脱颖而出，进入品牌群，成为公众知名品牌，才是企业在更深层次上需要解决的问题。

◎ 从资源整合到资源挑选

当企业已经成为行业领导品牌，具备一定的影响力和企业品牌知名度的时候，解决企业在品牌群里的影响度问题，即成为公众品牌的问题，这才是企业更应该考虑的更深层次的问题。这时候借什么样的势、借谁的势、跟随在一起混就变得越发重要了。天天上央视的，想不出名都难；天天在酒吧里唱歌的，唱得再好也难有大的反响。我们认为，频繁地和世界级的品牌在一起出现，一起参与有影响力的项目，一起发起某项社会行动，是解决企业在品牌群里知

名度不高的最佳方案之一。

营势关键点：
频繁地和世界级的品牌在一起出现，一起参与有影响力的项目，一起发起某项社会行动，是解决企业在品牌群里知名度不高的最佳方案之一。

怎么体现你的身份？如果没有足够的力量向别人传递，那么传递的动作本身就没有意义。这个时候我们意识到周围圈子的价值，就必须结识世界级的企业，经常和他们在一起出现，成为与他们日常交往的常客。与什么样的人在一起才能成为什么样的人，这就体现了资源的挑选和选择的问题。也就是说，资源不仅需要"整合"，还需要"挑选"，要有针对性地挑选。以前是从需要的角度来挑选合作伙伴，对方有你想要的资源，你就跟对方合作。而今天不是这样，也许你和对方没有必然的资源互补性，但是你也要和他在一起。只有在一起，才会有可能创造奇迹。这时候"在一起"变得很重要，与什么人为伍很重要。

在无边界创新整合理论里，我们提出"与大象共舞"的理念，现在已经不再是站在"大象"身上，而是强调必须和"大象"共舞，一起平等地互动起来。你本身也是行业的领导品牌，大家都具有一定的身份，但是很多消费者还是不知道你有多大影响力。但如果你的合作伙伴都是世界级的企业，和你一起出入的也都是世界级企业的老板、高管，那么你很快就成为让公众竖起大拇指的品牌。

也许有人会说，和世界级的企业合作哪有这么容易啊？其实并没有想象中的那么难。因为你已经成为行业的领导品牌了，这个时候，你身上拥有很多的亮点和光环，别人也愿意跟你在一起，这是一种对等的合作关系。比如我们和德国的一些高校合作，引进全球最知名公司的信息化建设"德国 CAP 模式"，我们整合全球最顶尖的东西为我们所用，自然成为一种稀缺的宝贵资源，而且我们的合作是多方面的，包含设备、仪器、技术、名誉等。以前只是人家有某一个资源，我们得拿资源去交换，而现在真的是合作，是身份和名誉的合作。

合作伙伴的身份决定了你是什么样的级别。以前只要人家有资源，我们就拿钱去换，但现在是双方资源的互相补充。比如我们最近和清华大学环境学院建立的合作关系，就体现了双方平等的战略合作伙伴关系。我们还在北大建立了太阳能的研发基金，这个时候就不是简单地给北大投钱了，而是与北大真正合作。我们和全世界最顶尖的德国夫琅和费研究所（Fraunhofer Institute）就太阳能行业的设备展开合作，全世界最顶尖的设备只有三台，一台在南非国家实验室，一台在夫琅和费研究所，一台在我们这儿；我们的 CNAS（中国国家合格评定委员会）实验室国家技术认定中心承担着尖端技术的研发。我们可以开行业内最顶尖的研讨会。这就进入到更高层面的整合，整合了最顶尖的技术、最顶尖的合作伙伴，做最顶尖的项目。比如我们做了亚洲最大的跨季节蓄热采暖项目，荣膺"2014 全球人居环境绿色技术（产品）最佳范例"，受到社会各界好评。目前该项目已经被列入高等教育的教材。

资源的抢位与占位

之前我们整合资源，是以小博大，而今天的整合，就是抢位和占位。尤其是对于一些关键的战略性资源，就不仅要挑选，而是要快速地抢占。2013 年，我们收购了深圳一家做 BOT（建设—经营—

转让）的企业，这是一家全球排名第二、中国居首的平板太阳能制造商，强力布局太阳能工程市场，从而奠定了我们在太阳能光热领域的核心竞争力。"只有同行一起把产业做大，天花板做高了，我们才有更大的前途，有了品牌的企业，才有品牌的行业。"接下来，我们还会有一系列的收购，这个时候我们又进入到另外一个领域。在我们跟德国的IES公司建立的基地里，有一个跨地区采暖的测试项目正在进行；联合国工业发展组织国际太阳能技术促进转让中心在我们这设立了光热产业与技术研发基地。和德国的IES合作，这些合作是平等的，我们就是要抢占这个位置，我们抢占以后，对手就很难进来了，这也是对优质资源的一种整合。

此外，我们还和知名慈善机构"壹基金"合作，"壹基金"的理事会每年都邀请我们去；我们跟绿地公司合作，万科和他们也有战略合作，绿地就采购我们的商品，每年他们的大会也邀请我们出席。现在我们在选择合作方问题上，往往是从战略资源匹配与对称的角度来考虑，他们认为我们能够给他们带来什么，他们开始需要我们了，这是一种身份和地位改变的象征。而以前是我们看好他们了，要开发和利用他们的资源，想办法以小博大，进行资源整合发展自己。今天我们和他们资源对等，这就是与大象共舞，不是独舞、不是伴舞，而是一起平等的共舞。

围绕品牌使命做整合

四季沐歌的发展史就是无边界创新整合的历史，就是一个不断兼容并包、创新整合的历史。

回顾我们过去的十几年，可以总结为：四季沐歌发展壮大的过程就是不断整合外部资源的过程。我们通过不断寻求合作，不断创新整合，一步一步成长起来，一步一步积累了竞争的优势。如今重新来思考的话，我们认为既有偶然性也有必然性。

之所以说有偶然性，是因为在资源的选择上具有一定的偶然。在整个社会，特别是今天的互联网时代，资源无处不在。罗丹说："生活中并不缺少美，只是缺少发现美的眼睛。"同样，这个世界也不缺乏资源，缺乏的是洞察资源和机会的眼光，以及进一步的想法。我们走到今天，最重要的就是建立一种无边界的观念，能够跳出行业来看问题，从来不认为自己只是做太阳能的行业，这使我们不至于局限在这个行业里面。

德鲁克最后写的一本书叫《旁观者》，审视了他一辈子对管理的理解。为了深刻地洞悉管理，他希望自己成为一个局外人，成为一个无关者。局外生慧，跳出行业来看行业，跳出产业来看产业，往往视野会更开阔一些，可能发现更多的机会。就像今天我们用的人才，来自于各行各业：卖药的、做保健品的、做家电的、做建材的、做农业的、卖啤酒的，五花八门，这也源于企业开放的心态。开放的心态非常重要，尤其是在互联网时代，互联网推倒了企业和企业、行业和行业、产业和产业的边界。

营势关键点：

局外生慧，跳出行业来看行业，跳出产业来看产业，往往视野会更开阔一些，可能发现更多的机会。

站在互联网的角度看所谓的颠覆，所谓的跨界，实际上并不是真正的颠覆和跨界。从哲学的角度来说，"无名为万物之始"，从"无"中才能观察领悟"道"的奥妙，当你站在"无"的高度看待所有行业，也就拥有了所有行业的边界。有时候颠覆往往来自于外部的力量，甚至你很难想象是从哪个领域来的。就像诺基亚前CEO约玛·奥利拉说的一句话："我们并没有做错什么，但不知为什么，我们输了。"不知道什么时候就被新生力量干掉了，都不知道竞争对手在哪里，这种颠覆的力量非常可怕。所以，我们尽最大可能把其他行业的优势移植到产品上，以增强产品的市场竞争力。

比如，我们借鉴和吸收音乐手机、互联网音响的特点，开发出新一代的会唱歌的太阳能，一边洗澡，一边欣赏音乐，可以作为娱乐的终端出现；我们借鉴日本最新科技成果，研制出自动流出牛奶的热水器，美容效果比润肤露好很多。我们不认为市场没有需求，而是要创新和引领需求，市场从来就没有满足需求的时候。颠覆过去一直未曾洞悉和发现的领域，当你的眼光越过围墙的时候，你会发现外面的世界更好。面向未来，我们唯一要做的就是始终坚持无边界的理念，以开放的心态跳出行业来看，站在月球上看地球，你可能会发现别人看不到的风景。如果你能建立这种思维模式的话，那么你会发现处处都有机会。这个世界有太多需要我们去发现的，应该说美妙之处就在于不知道未来会发生什么，你不知道下一个奇迹是什么。只要你始终有探索之心，进一步去挖掘，就总是能发现惊喜。

我们在福建发现了一个很好的产品，是一种木炭做的胶囊，可以吸附肠道里的废物，然后被人体排出去，纯物理的，无任何副作用。如果你喝了酒，第二天难受，吃一粒下去，也可以帮着排毒。很多女士脸上有斑，都是沉积在肠道里的毒素导致的，吃这种胶囊就可以把毒素吸附出来。这已经超出了我们以前认知的医学领域。所以，可以跨界的东西太多了，今天可以颠覆行业的一定是来自行业外。

◎ 围绕内涵做加法

资源整合到了一定的阶段，拥有了一定的身份和地位之后，需要整合的资源就要考虑品牌内涵、传播理念、价值观等方面是不是符合，是不是能够结合起来。这个时候不是传播一个具体的产品，而是品牌层面的文化、内涵、价值观。品牌是什么？是放心，是别样的感觉。在寂静深邃的星空下，追寻一种醇和清新的感受，这是"555"牌香烟的感觉；牛仔的雄性、粗犷和征服，这是"万宝路"带来的享受。每个品牌都会积淀自身独特的价值，这是精神层面的东西，是品牌要完成传递、传播的使命和任务。所以，要找到并切合品牌诉求的内涵，或者品牌价值的内涵，这才是整合资源的关键。

万宝路、可口可乐等裹挟着美国文化之风几乎侵入了全球的每一个角落。当一个品牌成为产业的主流代表，并进而成为一种国度文化的象征和载体时，将迸发出强大的生命力。如海尔的星级服务，如沃尔沃汽车的安全，可口可乐的激情。消费者购买的不仅仅是产品，更是一种生活方式，是一种渗透到骨子里的体验，一种发自肺腑的欣赏。

比如提到TCL,很多人会想到TCL的电视,而不会想到TCL的冰箱,这就是品牌内涵面临的问题。所以,在品牌的转型过程中如何赋予它新的内涵,是企业在转型和升级过程中需要解决的问题。做品牌定位就要聚焦,只有聚焦才能确保品牌迅速崛起。一旦做到聚焦,又希望将来企业不仅仅是个企业,而是能够承载更多的内涵,能够承载和延伸到阳光、空气、水的价值;能够有娱乐、有运动的元素,让喜欢娱乐和运动的人能找到沟通的机会,并认可这个品牌的内涵。耐克和阿迪达斯,两者都没有所谓品质高低的问题,就看消费者和哪个品牌能够产生精神层面上的共鸣。

营势关键点:

做品牌定位就要聚焦,只有聚焦才能确保品牌迅速崛起。

今天我们要进军城市市场,要面对都市生活群体,他们是喜欢运动或者关注运动的一个消费群体,这个群体很有活力,热爱运动,有着健康的生活方式。针对这个群体,我们进一步提升品牌的内涵,致力于打造健康、阳光、时尚、活力的价值主张,而不再是单纯的绿色、环保、节能。秉持这一理念,2014年我们签约成为网易巴西世界杯的战略合作伙伴,将品牌理念、产品特性和世界杯本身拥有的特质融合起来,通过公众对世界杯理念、品质的认同,带动公众对企业与品牌的认同。为此,我们选择了网易作为世界杯营销大戏的媒体平台。

选择网易作为本次世界杯营销的战略合作媒体,一方面是因为网易既是传统四大门户网站之一,又是最受受众欢迎的视频网站之一,牢牢占据着球迷观看世界杯直播、浏览世界杯信息的庞大流量入口；另一方面，网易则是本届世界杯东道主"五星巴西"的中国独家合作媒体，四季沐歌希望通过技术巴西、五星巴西、激情巴西把全球瞩目的体育盛会真正变成输出品牌价值和品牌理念的舞台，通过竞技和冠军的精神，提升品牌曝光度和美誉度，传递四季沐歌的品牌内涵。

围绕世界杯营销，四季沐歌另辟蹊径，借助移动互联织补了"碎片"，也联通了"麦克风"，把欢腾的"眼球战"演绎成求点赞的"攻心战"。网易是一家有态度的新闻媒体，也是巴西和西班牙两支球队唯一的中文网站合作伙伴，借助网易"有态度"的媒体平台，让四季沐歌"阳光·活力·创新"的品牌文化在世界杯期间得到更好的传播。

通过与网易世界杯云音乐歌单、《超级颜论》视频专访、原生内容专题的合作，四季沐歌的品牌以音乐加视频、图文的形式，在跨PC和移动终端的传播矩阵中完成线上、线下的闭环营销互动。

从第三方数据来看，短短两周时间，四季沐歌品牌之歌在网易世界杯云音乐歌单中的点击已超过50万，三期原生内容专题总PV（页面浏览量）超80万。球迷们最热爱的八卦新闻被搜罗在了网易《更衣室江湖》专题，直观的四季沐歌Logo与Minisite（活动网站）页面设置浑然一体，"沐歌"这个球迷一天的生活把四季沐歌全品类产品全方位地展现在了球迷的面前。

与时同时，"世界杯巴西特派员"的全网征集活动将四季沐歌世界杯营销推向了高潮，"四季沐歌征集巴西特派员，赢取桑巴全程五星礼遇"的微信三天转发近10万条。

此外，还有四季沐歌内部垂直自媒体的整合运作，除了四季沐歌服务号之外，还有四季沐歌集团、太阳能、空气能、工程公司、厨电、水世界、微招聘、售后服务中心等8个官方微信号为玩转世界杯在高效、协同互动。

互联网是一个很好的沟通方式，足球是一个狂欢的沟通方式，是社会共同的热点话题。因此，我们就把足球运动中这种传递积极、向上、活力的品牌文化和我们的品牌文化结合起来，通过足球，通过世界杯来重新认识我们的产业、品牌和产品。

比如说我们的空气能，创造的就是五星级热水的享受。大家都知道，巴西队是五连冠，五星巴西，这就和我们的五星级热水很好地契合起来，运动以后还要洗澡，就用我们的空气能热水器。运动之后还要喝水，所以我们整合做净水。西班牙人很浪漫，也很注重美食，因此我们的厨电产品与西班牙美食结合起来，与浪漫的厨房、阳光的厨房结合起来，创造烹饪的活力。

我们去巴西观看世界杯，通过网易的互动，积极利用互联网的手段让年轻的，热爱运动的，向往有活力与激情生活的一群人参与进来，实现四季沐歌太阳能资源的价值。当然，以后还会有羽毛球比赛、城市慢跑，甚至还有很多娱乐活动，娱乐和运动这两个层面是城市年轻人的永恒话题。而我们本来就是娱乐，"四季沐歌"，就是唱歌，融入娱乐的精神，融入运动的精神，诠释我们新的品牌文化和诉求。

我们的城市化活动，城市的净水，城市的阳光厨房，五星级的热水享受，放松、休闲、娱乐、运动、活力等，这种种概念资源都可以叠加起来，慢慢积累与沉淀，逐渐把我们新的品牌内涵植入消费者心中。今天做品牌，一定要保证品牌的内涵丰满，与时俱进。做品牌就是做文化，从行业品牌到公众品牌，最后成为一个兼容并包的大品牌。

此外，我们还积极拓展城市的卖场渠道、社区渠道、线上渠道、高铁渠道等新的渠道模式，积极布局包括主流卫视广告、互联网、车载广告、高炮、墙体等立体式传播载体。在借力传统营销模式和渠道优势的同时，增加高铁营销等新媒体的推广，满足新的消费方式和新的人群需求，将四季沐歌绿色产品带到更多城市消费者家中去。

2014年9月，四季沐歌与中国铁路媒体旗舰运营商——华铁传媒在北京世纪财富中心会展大厅举行了战略合作签约仪式及高铁冠名新闻发布会，至此，四季沐歌高铁冠名正式开启。

这是一个六纵六横的品牌运营大平台，采用网状结构覆盖，途经上海、北京、江苏、安徽、山东、河南等20多个省份及直辖市，停靠1000多个站点，年覆盖客流近2亿人次，冠名形式将以车身彩贴、列车展板、海报、票卡、顺号牌、播音等传播媒介，结合内容入口等方式进行全方位展示，在社会关注度上开启了一道崭新的品牌风景线。这是四季沐歌继"航天营销"之后开启的"高铁营销"新模式。

高铁冠名列车的开通只是四季沐歌品牌传播的起点，在未来的公司发展中，还将通过更多的创新形式构建立体传播网络，从列车车厢内到高铁沿线城市，进而面向全国，推广四季沐歌品牌文化，以绿色为己任，让智能、科技、环保的四季沐歌产品越来越多地惠及社会。

我们提出的无边界创新整合理论，就是在纷繁复杂的时代，给大家一把用以思考问题的钥匙。拿着这把钥匙可以打开门，但是如何去欣赏门里面的风景，如何与里面的资源互动，还需要管理者、创新者更好地结合自己的产品，整合起来为自己所用，找到适合的东西。这种理论强调互动，你用我们的资源，我们也用你的资源；强调交互，与消费者交互，与供应商交互，与战略资源交互，与社会公众交互，最终实现共赢。

助推行业做整合

没有品牌的行业，就不会有行业的品牌，比如说卫浴是一个有品牌的行业，家电是一个有品牌的行业，汽车是一个有品牌的行业，正是因为这个行业地位的不断提高，才会在这个行业里不断涌现出有影响力的行业品牌。与国家大力扶持的光伏产业不同，太阳能行业门槛低，传统观念里，太阳能热水器都是放在屋顶上的，给人一种比较低档的感觉，在许多大企业甚至普通大众眼里，太阳能就是一个草根行业。

营势关键点：

没有品牌的行业，就不会有行业的品牌。

我们在飞速发展的过程中时常思考：我们太阳能产业如何跳出"草根"产业，而跻身到主流行业中去？多年来行业形象并没有改变，是否会进一步恶化？这种行业形象能否承载起社会给予行业的绝佳机会，如3 600套保障安居房会不会是我们的最后一顿晚餐？

如果这个行业萎缩了，业内的任何一个企业都不可能独善其身。家电产业的使命是将中国制造转向中国创造，而我们太阳能产业的使命则是让我们的行业融入到主流行业中来。我们应该接过引领行业发展的接力棒，率先开启中国太阳能光热产业的升级大幕。2010年，我们首批投资4.5亿元的"太阳能光热全产业链工业园"在河南洛阳高新区落成，推动中国太阳能光热产业朝着产业化、规模化、品牌化、创新化的道路快速迈进；2013年，我们推进"大光热战略"，进一步推动太阳能光热在产业的宽度上增加产业链的延长线，在产业的厚度上则要拓宽价值链的深度线，全面突破现有光热产业的边界，实现从低温、中温到高温的技术升级，以及从热水到热能、热电领域的延展，实现纵深发展；以更加开放融合的产业化思维，将太阳能、空气能等新能源，以及燃气能等传统能源全面打通，实现横向复合扩展。

为致力于建立和推动一个品牌行业，我们频频代表行业向社会公众发声。2009年世界气候大会期间，我们在大会举办地哥本哈根发起"关注气候变化，共同保护我们的地球家园"倡议活动，号召全球的经销商们，一起行动起来，做环保产品的推广者；全球的企业公民们，请一起行动起来，选择低碳生活，使用节能产品，建设"低碳家庭"，成为"绿色的主人"；同时，连续多次举办"热水文化节""一次无氟·百分环保"活动，引起了社会对太阳能的广泛关注。目前四季沐歌累计推广了2 500万平方米太阳能，相当于为地球栽种了7 500万棵树，节省的资源消耗相当于2.08个三峡电站的年发电量，获得了包括德国总理默克尔等外国领导的高度认可。

在全球提倡低碳生活和低碳理念的宏观背景下，太阳能已经脱离草根的窘境开始获得政府的认可，引起社会大众的广泛关注。一个长期不受重视的产业，因为一场突然而至的世界性能源危机，加上哥本哈根大会后温家宝总理开金口为这个产业做了广告，这个产业突然开始升温，逐渐登上大雅之堂，更多地进入到大众的视线里，进而在国际社会掀起广泛涟漪。

2014年8月，世界环保大会第四届"国际碳金奖"评选中，四季沐歌摘得最具绿色驱动价值和低碳实践意义的"碳金生态实践奖"。组委会相关负责人表示，"从全球首家采用双绿标准生产和推广无氟太阳能，到建成国内最大的太阳能跨季节蓄热采暖项目，四季沐歌已经成为绿色产业升级风向标，是绿色低碳环保的践行者"。值得欣慰的是，近年来，中国官方在低碳发展上的持续发力已经得到国际社会的认可。

与此同时，2014年8月11日晚在波哥大举行的"2014全球人居环境奖颁奖典礼"中，四季沐歌跨季节蓄热采暖项目荣膺"全球人居环境绿色技术（产品）最佳范例"，受到社会各界的好评。

在太阳能行业新一轮升级和扩张中，我们成了"领跑者"。"大光热"是时代大背景下的蓄势性爆发，打开了光热产业的创新整合空间。正如太阳能热利用专委会前主任所说，"太阳能已经从'草根经济层'成功跻身于宏观'战略经济层'，以'融合'为主题的战略扩张已经打开了光热产业的整合创新空间"。

太阳能热水器从边缘走向主流，并非仅仅因为总理开了金口，还有世界大趋势使然。现在，政府对新能源产业的态度发生了积极变化，从中央政府到地方政府已经从之前的"积极引导"提升为"战略上高度重视"。深圳、大连、厦门、沈阳、青岛、昆明、郑州等都已出台了相关强制安装的政策，太阳能光热行业在国家新能源战略中的位次已经进一步前移，正面临前所未有的快速发展机遇。

第三章　营势就是聚能量

营销要做到由量变到质变，形成巨大的能量场，持续影响消费者心智，最终颠覆消费者认知。

营销就是改变思维模式、改变心智的一个过程。在改变心智的过程中，时间是最大的成本，缩短时间最有效的方式就是输入超级能量，瞬间打破僵局，实现由量变到质变的飞跃，进而颠覆消费者购买决策的模式。

速度意味着时间，闪电战拼的不仅仅是速度，更是一种极限的作战意志。当规模和数量足够大的时候，就能造成一种视觉的极度震撼，彻底颠覆消费者心智，就可以输入新的信息，实现品牌快速占领，提升营销的成功率。

聚焦一个点饱和轰击

聚焦的过程实际是聚集能量的问题,就是将资源整合到某一点的过程。

从物理学的角度来讲,势就是能量,有势能就是有能量。为什么做营销要谈势能?我们的理解是,营销本身是改变消费者思维模式或者改变消费者心智的一个过程。要想消费者购买你的产品,必须让消费者的观念发生改变,因此必须从改变消费者的心智入手。在这个过程中可能有很多种办法,比如可以通过以情动人,通过良好的服务创造感动,可以影响或者改变消费行为;通过持之以恒的品牌诉求建立消费者对品牌的认知,比如脑白金的广告,铺天盖地天天喊,先让人熟悉,进而产生好感,最后消费者才可能产生购买行为。

品牌势能可以让销售成为多余,百台样机联展造成的阵势可以使消费者自觉排队交钱,气派的店面能让消费者打消不信任感而加速购买,一颗子弹能让一头牛躺下,整齐的口号能震人肺腑,小小的针尖能让你感受巨大的疼痛……无论是人员、店面、速度、能量还是其他的事物，一旦形成了势，就可以迅速改变问题的本质，所谓量变引起质变，做销售也不例外。要营销先把势造大，才可能势如破竹，势到自然成！

要营势先聚焦，聚焦就是抓"点"不抓"面"。抓重点市场、重点产品、重点渠道、重点客户，集中资源、快速突破、树立标杆、重复复制。没有点的突破就不会有面的改善；不积跬步，无以至千里；千里溃堤往往源于小小的蚁穴。数学上线是由点排列组成的，面也是由点排列组成的。突破一个点，就可以总结经验加以复制推广，集中资源迅速解决问题。营销上有ARS战术[1]，即集中投入比竞争对手多出1.732倍的资源获取单个市场的第一，然后以此类推复制第一。毛泽东军事思想中集中优势兵力各个击破，最终以弱胜强也是这个道理。业务人员要善于做点、做标杆、树典型，目的不是单纯为做点而做点，而是以点带面，通过点的成功提炼可以复制的模式，只有可以复制的成功，才是真正的成功。

营势关键点：

要营势先聚焦，聚焦就是抓"点"不抓"面"，没有点的突破就没有面的改善。

海尔张瑞敏说过："什么是不简单，就是把简单的事情坚持重复做一千次、一万次而不走样，这就是不简单。"

简单的重复可以实现累积，累积的过程就是能量积聚的过程，一旦累积到一定的量，突破了极限就会引起质变，就能产生无坚不摧的震撼能量。

1　ARS（area roller sales），矢野新一创立的理论，意思是集中力量在局部区域市场，并成为第一，最终在整个区域市场成为第一。——编者注

能量改变心智

从传统意义上来讲，影响消费者购买是一个缓慢的过程，无论是培养感情，还是建立认知。从一点都不认识到认识，从认识到接受，从接受到产生需求，从产生需求到产生购买行为，然后再购买，最后到使用，使用以后可能还会产生二次的口碑，这是过去营销的方式。很多类似的这种营销行为需要用漫长的时间或过程去逐渐改变消费者的心智，对任何一个商家来说，时间成本都会非常高。但在互联网时代，特别是像今天这种竞争非常激烈的时代，留给企业、留给市场的时间会越来越短。如何在最短的时间内改变消费者的心智，进而影响消费者决策、颠覆消费者的认知……对于这些问题，作为营销人必须重新思考，因为目前来讲时间变成了最大的成本。要想去改变一个东西的状态，从物理学上来讲，肯定要输入能量，当能量到一定程度的时候，就可以改变它们，比如说原子弹和炸弹，炸弹是普通的快速燃烧产生爆炸，原子弹是链式反应产生巨大能量。普通炸弹的能量不够，破坏力就不够，摧毁得就不够彻底。

图 3-1 是传统的消费者的购买决策流程。

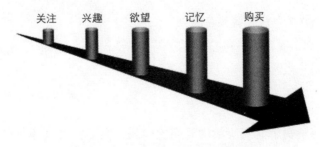

图 3-1 传统的消费者的购买决策流程

在传统时代，营销的手段万变不离其宗，商家刺激消费者的需求，消费者在种种商品信息与营销宣传中进行购买决策。互联网时代的消费者购买思维和传统消费者的购买思维是不大一样的，互联网引起了消费者心理的改变。随着各种各样的行业频道、垂直网站、专业评论网站、个人自媒体的出现，消费者可以借助一条信息或者一个事件从多种渠道获得详尽的品牌动态，也可以主动发起一些话题展开深入讨论，甚至是引导社会舆论的发展。

〔案例〕王老吉造势

> 5·12汶川大地震的各种慈善晚会，向灾区捐款1亿元的企业不止王老吉一家，但为何只有王老吉打动了公众的心，赢得百姓发自内心的尊重？其他企业捐款了为什么影响力没有这么大？这一切都来自于集中的网络造势。
>
> （1）不断制造引人注意的话题"彻底封杀王老吉"等，吸引更多的人关注与讨论，在论坛上引发讨论，把影响不断地放大。
>
> （2）借助百度贴吧不断地发帖，大量回复，过于显露的语言，让人感觉到疯狂。
>
> （3）在QQ群之间发送和转发，病毒式营销让王老吉在多个QQ群之间疯狂传播。
>
> （4）借助众多博客热烈讨论"要捐就捐一个亿，要喝就喝王老吉"这一话题。

传统消费者购买决策的时间比较长，需要慢慢培养对商品的感情和好感度，而要改变这个过程，需要投入较长的时间和很大的成本。因此，只有打破消费者这种思维决策的链条与框架，购买才会发生跨越。就像以前传统观念下男女双方谈恋爱，要经历媒婆说和、一方提亲、双方见面等很多过程，随着时间的推移，男女双方方可慢慢地培养出感情来。但今天这一程序已经发生改变，江苏卫视的《非诚勿扰》很典型，男女双方一见钟情，现场就牵手走了。这和以前的婚恋方式是完全不一样的。同时，今天的消费者接收的信息量实在是太大、太杂了，自然而然就有一种防御的心理。再用常规的方式、传统的思维去改变他们的心理是比较困难的，除非用一种很强、很密集的破坏力量，抹除消费者对过去的认知，然后迅速地把新的概念输送给消费者，才能迅速改变消费者已经形成的决策方式。

只有打破一个旧世界才能建立一个新世界，当你输入的能量足够大的时候，就能够在短期内改变消费者的购买决策模式。把过去拉长的资金投入或者拉长的时间投入，压缩到某一个点上，使它们的能量聚焦在一起，集中影响和触动消费者，就能达到事半功倍的效果，至少可以节约大量的时间，减少消费者受干扰、受诱惑的概率，提高我们营销的成功率。以前或许没有人提出过这样的理论模型，至少我过去没有在营销书籍里看到过这样的概念。

营势关键点：

把过去拉长的资金投入或者拉长的时间投入，压缩到某一个点上，使它们的能量聚焦在一起，集中影响和触动消费者，就能达到事半功倍的效果，至少可以节约大量的时间，减少消费者受干扰、受诱惑的概率，提高我们营销的成功率。

饱和攻击一个点

聚焦的过程就是将资源整合到某一点的过程。把能量聚焦起来干什么？或者是达到什么目的？答案是通过聚焦能量对消费者已经形成的固有认知产生颠覆或者改变。大量的信息压缩到一天里，就是我们所说的能量聚焦，就可以进行饱和攻击。比如说一个消费者可能在一天里接收了大量的某品牌信息，就会受到很大的冲击，进而被深刻触动。以前谈到竞争理论，迈克尔·波特作为"竞争战略之父"，他的理论是一座绕不过去的大山。他提出三大竞争战略，分别是总成本领先战略、差别化竞争战略和专一化战略。但今天竞争的战略已不同于过往，实际是围绕目标展开聚焦。这个聚焦既包含细分市场的聚焦，也包含对已经选定的目标对象进行饱和式轰击的聚焦。只有聚焦，才能在短期内改变和颠覆消费者对产品和品牌的认知。

通俗一点说，就像凸透镜，把阳光聚焦，产生高温，就有了破坏力，就能够点着火，甚至是产生几千摄氏度的高温，激光也是这样的原理。把普通的光聚焦到一起以后就能产生巨大的能量，就能够产生这种变化，通过能量的改变打破原来的规则。

〔案例〕1分钟1千万

> 2014年9月10日，浙江卫视《中国好声音》巅峰之夜钻石广告位招标会上诞生了中国电视史上最贵的单条广告。总冠军诞生前的1分钟钻石广告位经过1个多小时几十轮的紧张鏖战，最终以1 070万天价被700号竞拍者成功抢下。

第三章 营势就是聚能量

60秒，1 070万元！这是第三季《中国好声音》冠军诞生前60秒V1钻石广告位的价格。拿下这一史上最贵一分钟电视广告位的，是一家刚刚上市、业务量并不靠前的日化品牌——植美村。它成为了当晚的最大赢家。

1分钟天价广告播出当晚，植美村7小时不脱妆BB霜在天猫旗舰店单店销售量为1 053支，成为全网品类冠军，植美村品牌关注度提高了401%（来自：百度搜索）。这一案例成为继2005年蒙牛酸酸乳、加多宝凉茶之后的又一典型娱乐营销经典案例。

与蒙牛酸酸乳、加多宝模式不同的是，第三季才加入《中国好声音》的植美村采取了"极限聚焦"模式，在短短1分钟内将广告能量极限释放出来，从而快速影响公众认知，迅速建立起知名度、品牌持续的美誉度。

对其他企业而言，要想在《中国好声音》的平台上发出自己的声音，要考虑的就是如何突破《中国好声音》与加多宝之间建立起来的传播屏障。而植美村的"聚焦"模式显然给人不少惊喜，围绕总决赛巅峰之夜钻石广告位的1分钟广告展开营销，植美村最终成为"搅局者"。

60秒，1 070万元，估算下来平均每秒就"烧"去17.83万元。有市场调查数据显示，1 070万元可以写大约107 000篇软文在百度、搜狗、360等搜索平台上发布，也可以在广州地标广州塔摆放户外广告长达半年之久；更可以以年承包费100万元，整合微信、微博等网络资源进行品牌传播长达10年。如此豪掷重金做营销到底值不值？

业内人士评价，植美村押宝《中国好声音》，这种大平台、大节目的捆绑无外乎能给产品带来极高的曝光度,与当下85后、90后主流消费人群购买产品的广告接受习惯不谋而合,最大化释放了品牌的口碑效应;而且精准传播是当下的大趋势,集中预算精准投放稀缺资源更容易形成影响力。

1分钟天价广告之后,植美村BB霜成为众人讨论的热点话题。普通消费者不断感叹植美村的土豪气质,其董事长也一举成为新一代"壕"的代名词,并荣登中国女性"老公"排行榜;各家媒体纷纷向植美村抛出橄榄枝;更有广告从业者从专业领域分析造成这一现象的原因,并就"1分钟1千万,值与不值"这个话题展开了激烈讨论。讨论的结果并不重要,重要的是植美村在这场事件营销中赚足了眼球,5天内,各大销售专柜的植美村BB霜销售一空。仅河北邯郸大名、临漳两县在8月15—16日两天时间内便铺货3 744支,销售金额直逼60万元,而1 070万元的天价广告,仅两天便回款接近18%。

经过3年的积累与变革,《中国好声音》已经成为引领社会潮流的现象级节目,而总冠军争夺战"巅峰之夜"更是盛会级视听飨宴,决赛收视5.714,植美村在巅峰之夜冠军产生前60秒的核心位置出现,观众的注意力达到最高峰,不受其他广告干扰,观众避无可避,将黄金时间中的黄金广告位发挥到极致。

纵观植美村在《中国好声音》巅峰之夜钻石广告位的事件营销战中的传播效果,在国内电视媒体无出其右者。1分钟1千万,短短的60秒汇聚了一个巨大的社会关注和口碑的能量场,植美村完胜了这场营销战。

图 3-2 植美村的广告截图

聚焦的目的是为了打点,在点上形成突破。

具体到市场,又该怎么来运用这个理论呢?我们举例说明。2008 年,我们提出了渠道下沉、渠道扁平化等战略,来顺应整个太阳能行业的发展趋势。但是在渠道下沉的过程中,我们碰到一些困难和问题。我们发展了一个渠道,发展了一个乡镇,发展了一个经销商,但经销商很难经营下去。这样就带来两个后果:

第一,已经与我们合作的经销商,生存状况不好,举步维艰,市场做得不好,产品卖得不好,因此缺失信心;

第二,周边没有开发的市场看到了这个经销商做得不好,对于是否成为我们的经销商就非常犹豫,给我们进一步拓展市场、开发渠道带来了很大的障碍。

这样，尚未合作的经销商就不会相信我们说的话，毕竟我们还是一个新品牌，在投放市场的过程中，他们会怀疑产品到底做得怎么样。这两个后果反过来会影响到我们自己团队的信心，很多业务人员非常沮丧，我们的市场开发陷入了僵局、举步维艰。绝大多数企业都曾面临这样的困境，尤其是在市场开发的过程中。这个时候该怎么办？我们认为要把聚焦能量的策略用在新市场的开发上面。

"善战者，不责于人，而求之于势。"我们认为必须建立起一种势能来，通过势能的聚焦，建立起成功的样板才是出路，也就是必须实现点的突破来建立标杆。通过打造标杆提炼模式，建立经销商和我们营销团队的信心，然后再产生正面影响，乃至产生连锁的市场反应。我们选择了一个比较配合我们工作的经销商，再让这个经销商选择他底下比较配合的更小的乡镇分销商，把他作为我们实现战略突围、战术突围、市场突围的点。

对于企业来说，人力、物力、财力都是有限的，如果分散来做根本做不了。所以聚焦到一个点上，就可以把人力、物力、财力汇集到一个乡镇市场上来。这个市场非常小，区域也非常小，我们把资源全部聚焦到这个地方，针对这个点的投入就会非常大。当你把所有的能量都聚焦在一个乡镇市场的时候，在这个区域就瞬间积聚了强大的资源和能量，产生了竞争优势的不对称，就会在这个局部市场形成压倒性的竞争优势，最终在这个局部市场获得意想不到的效果。

营势关键点：

在一个点上形成饱和攻击，点越小力量就越威猛。

以点带面做营销

做市场以点来带面,做点的目的有很多:

第一,给经销商和我们的营销团队建立信心:只要我们想做,是可以做起来的,市场是可以形成突破的。

第二,这个点做成以后,反过来激发大家的信心,形成连锁效应,让大家看到市场是有的,产品是可以卖得出去的,是可以卖得火的。

第三,通过做这样的一个市场样板,能够提炼出一些可以复制的模型和模式出来。这种模式通过反复几个点的尝试,最后会形成一个标准,可以被大规模地复制。

当每个人都掌握了这种方法的时候,就可以"星星之火,可以燎原"了。这一点和毛泽东当年谈到的"集中优势兵力,各个击破"是一样的道理。在某一个区域市场里先获得优势,然后形成样板,我们叫作"插一个红旗在那个地方";以这个经销商为模板,组织周边的人都来学习,然后围绕他的周边再去开发,用这个方式复制两三个经销商;通过这几个经销商的销售,一下子就激活了一片市场。比如推广采暖的问题,大概是在2009年北京一个小村子,当时村子进行小别墅改造,我们通过采暖的试点,在这个过程中既发现了产品方面的问题、系统设计方面的问题,也提炼出了一个模式,然后进行推广。通过这种方式,能够减少在大规模推广过程中失败的风险,同时使得大规模推广有了一个可以参照的标准化模板。

用这种方法做市场的成功率非常高。对我们来讲,全中国的市场基本都是靠这种方法做成的。我们在全国选一个省,在一个省里选一个地级市,在一个地级市里选择一个县,在一个县里选择一个乡镇。用同一模式连续做两三个乡镇,这个县就做起来了。以这个县为核心，周边的县又如法炮制，就把这个地区做起来了。然后以这个地区为中心，迅速复制，这个省市就做起来了，一点一点，雪球越滚越大。其实本质上就是聚焦，在某一个点上进行饱和攻击，产生局部市场的领先，最终将这些点连接成一片，在面上形成领先优势，整个市场就这样被盘活了。

这个模式对中小企业，特别是资源匮乏的中小企业来说，借鉴的意义更大。不要想着一口吃成胖子，罗马不是一天修建起来的。中国的市场太大了，市场非常复杂，先把区域市场做好，成为区域市场里的领先者，然后以区域市场为根据地，逐渐扩散出去。

聚焦理论的提出来自于毛泽东"集中优势兵力，各个击破"的军事理论。特别是在中小企业创业的时候，资源比较匮乏，如何去建立自己的示范市场，如何去建立自己的标杆，如何去建立区域市场的领先优势，这是非常有效的方法。当然有一个前提，即中国市场的多样性给了我们这样一个生存的空间。因为一个再强大的竞争品牌，都不可能把所有的市场做好，所以，无论我们处于多么弱势的地位，都可以通过聚焦兵力、聚焦资源在区域市场上获得领先机会，建立自己的优势，改变消费者的心智。

打造样板根据地

营销世界里没有真相，只有认知。通过饱和资源在某一个区域市场产生优势影响，那么一定能够在区域市场建立品牌的强势地位，而这种强势地位，最后演化成一个区域的强势品牌。放在全国市场上可能是弱势的，是微不足道的，但是在某一个区域市场却是可以占山为王的。这样不停地占领山头，不停地插红旗，就会吸引和感召更多的人加盟。一旦这些山头连成片，就会形成更大区域的强势品牌，会成为一个地级市的强势品牌，然后再成为一个省级的强势品牌，进而成为全国的强势品牌。

营势关键点：

营销世界没有真相，只有认知。

〔案例〕**从河南市场入手来打造第一品牌**

> 河南是中国人口最多的农业大省，将近1亿人，对于太阳能行业来说，当地又没有特别强的品牌。像山东、江苏、河北、东三省等，都有很多强势品牌，我们都很难打进去，因此我们首先选择河南作为进攻全国的一个突破点。
>
> 2007年，我们在河南市场一年仅做400多万元，也发展了不少经销商，但是没有一家专卖店。我们零零星星开发了将近100个经销商，河南的县城非常多，但是这些经销商都很小，总共才做了400多万元，平均每个经销商做40多万元，有的十几万元，有些甚至一点业绩都没有。应该说这是一个微不足道的市场，大家也都不看好。7月1日，我们在河南南阳开了一次大会，当时就选定了河南市场，因为：第一，河南人多，乡镇多，人口密集；第二，河南是中原腹地，自古以来得中原者得天下；第三，没有地方品牌，进入河南市场的其他竞争品牌也都不强势，这就是市场的一个空档。市场是有空档的，再强势的品牌也不可能面面俱到，包括我们今天做到全国第一，也不敢说我们的市场每个地方都是第一，每个县都是第一，每个地级市都是第一，这是不可能的。所以，我们要把河南省的市场拿下来，使之成为我们的区域优势市场。

我们聚集所有的人力、物力、财力,在河南影响比较大的报纸《大河报》上打了一个半版的广告,提升士气,叫作"百舸争流,定鼎中原"。然后组织河南的100个经销商聚在南阳开誓师大会。我们提出了1+X的经营网络工程,喊出了"50万脱贫、80万致富"的口号。要实现这一目标就要建专卖店。经销商表示建店很难:"一年才卖十万八万,哪有钱建专卖店?"公司最后选了几个样板,集中力量去做。当时全省才六七个业务员,就让这六七个业务员全部盯在这几个样板店里,帮助经销商开发乡镇,一个乡镇挨着一个乡镇地做活动。河南南部经济发达一些,我们先从南阳和信阳开始,帮助经销商聚焦资源,建示范点,示范点建得很漂亮,很多人都去看。用漂亮的专卖店把产品的形象与品牌的形象树立起来了,就容易吸引其他经销商建专卖店,同时也容易招徕新经销商的加盟。专卖店的门槛其实很低,三五台都行,只要他们先进来。进来以后,我们马上组织人搞活动,帮助他们卖货。一个乡镇卖好了,连续几个乡镇卖好了,整个市场就带动了。河南的南阳、信阳成为河南的两颗明星,这两个再一竞争,从南往北,就带动了整个河南的市场。

经过5年的时间,到了2012年,河南市场的年销售额已经将近6亿元,有几百家经销商,平均每个经销商底下有几十个分销商。以河南为样板,我们提炼出销售模式,建立了一套完整的商业模式;以河南为人才培养基地,我们建立了一套训练人才、复制人才的模式,然后把培养出的人才放在别的市场。

肯德基也是这样的,1987年肯德基在北京天安门广场附近建了第一家店,结果这个店经营得非常好,加盟商都来学习。肯德基以这个店为模板在全国范围内进行复制。这个就是通过聚焦一个点，展开饱和攻击的典型案例。其目的是建立样板，建立示范，进而提炼模式展开全面推广；同时，借助样板市场的成功进一步锻炼队伍，建立团队信心。

打造令客户尖叫的产品

聚焦的理论，不仅适用于市场，其实也适用于产品。一个企业有很多产品线，有些产品是为了走量的，有些产品是为了与其他同类产品打价格战的；有些产品是赚取形象的、是明星产品，有些产品是用来赚钱的。我们认为，企业在做产品的过程中，也要遵循这种聚焦、打点的做法，围绕一个具体的产品展开饱和式的资源聚焦，将它打造成企业的一个明星产品。

产品线不是越丰富越好，产品够锋利才是最好。任何一个产品线，都必须找到自己的一把尖刀，五根指头是打不死人的，只有一根指头才能戳死人，必须有一个标杆性、旗帜性的产品。我们提出了聚焦打造明星产品的营势理论。其实所谓的明星产品，也都是把所有的资源、技术都聚焦在一个产品上。就像我们的飞天产品，之所以能成为百万级的产品，就是当时我们把所有的资源全部聚焦在这个产品上，技术资源、市场资源、广告资源、人力推广资源、终端摆放资源等，把它打扮成最耀眼的明星。所有的消费者一进来，第一眼看的就是它，所有导购人员的讲解都是围绕它，所有的广告都围绕着它打，它自然而然地成为明星产品。然后通过这一款产品迅速去带动全系列的产品线，并且成为企业最核心的龙头产品、尖刀产品。仔细想想，苹果手机、小米手机不也是如此吗？用互联网思维来说，就是开发出一款让用户尖叫的产品，所谓的尖叫就是把所有的资源都聚焦在这个产品身上，重点推广它，营销做减法，其他的产品都不要了，在互联网上做一款产品就行了。

所以，市场的思维是如此，产品的思维也是如此。当然，做活动也是一样。我们做很多的市场活动，会围绕一个活动，把所有的资源聚焦在上面。这个活动就会做得有声有色，效果非常好。做品牌、做企业也是一样。海尔一开始做冰箱，把冰箱做成顶尖的东西，产生了品牌的势能以后再覆盖其他的东西，带动了洗衣机等产品的销售。

营势就是聚焦，就是打点，打点的目的就是形成势能的高地，建立区域性的强势品牌。这个理论适合任何企业，无论是实力非常大的企业，还是实力比较小的企业。聚焦、饱和攻击，建立示范，形成势能的高地，进而产生影响力，最终形成区域性的强势品牌或者强势产品。

营势关键点：

营势就是聚焦，就是打点、聚焦、饱和攻击、建立示范，形成势能的高地，进而产生影响力，最终形成区域性的强势品牌或者强势产品。

◎ 成功秘诀：只做一件事

回顾过去的十几年，我们每年都做了很多事情，但在本质上只做了一件事，那就是专心致志做太阳能热水器，并且一做就是十几年，而且还打算再做十几年、二十几年、一百年。其实一个企业的人力、物力、财力是有限的，一个人的精力和时间都是有限的，你也不比别人聪明，也不比别人有更多的的机会，成功只有一点，那就是比别人勤奋和坚持。所谓的成功就是沿着正确的方向不断积累，心无旁骛，积沙成塔，积小胜成大胜，比别人专心、专注、专业。

以前有老师给我们举了个例子，问大家喜欢赚快钱还是喜欢赚慢钱，大家都说喜欢赚快钱，没有人喜欢慢慢来。老师说，赚快钱很容易，街头路边的临时工，按小时赚钱，干完拿钱，非常快，但快钱只能是小钱；普通员工，按月发工资，来钱也比较快，业务人员按季度发提成，企业高管基本拿年薪，老板几年可能都不拿钱；大家都发现，赚钱越快，赚得越少，赚钱越慢，财富越多，真正的财富是靠时间来赚取的，很多人都不明白，明白的人钱越赚越慢，但能越赚越多。一位著名的大师统计过，绝大多数人一辈子的财富，其中的80%是后面20%的时间获得的！因此想急于求成，不愿意坚持的人，最多只能拿到20%的财富，甚至都赚不到。

我们身边有很多这样的例子。我们认识太阳能行业一位很有名的企业家，他过去创业时很穷，刚开始企业经营困难，经常找浙江诸暨的一位老板赊款进五金配件，于是浙江的老板就以货抵货的方式做起了太阳能生意。一开始做得不错，企业、商家两家的市场都越做越大，后来浙江的老板卖太阳能赚了些钱，发现外面有很多赚钱的生意和机会，于是就开始做空气源热泵生意，然后又发现卫浴洁具也很赚钱，接着又代理水泵，反正这几个生意也不矛盾，甚至还互补，但由于精力、资金、人才、管理等问题，结果8年下来，老本行五金厂不景气、太阳能市场越做越小、热泵赔了个精光，把前些年赚的几百万元全部搭进去了。相反，这位经营太阳能企业的老板专心做太阳能，越做越大，前几年还曾是行业的老大。不过做大后，这位企业家也开始多元化，开始涉足房地产、光电、门窗、玻璃等，几年下来，行业老大的位子也没保住。

其实这样的例子在其他行业和企业也有很多，在一、二级经销商那里时常遇见。很多乡镇的经销商朋友特别推崇多而全的商业模式，什么都做，却什么都不精，最后什么核心竞争力都没有，只有拼价格，生意很难真正做大。我们专门下去调查过，原因就是你认为"多而全"的经营模式最保险，其他99%的老板想法也与你一样，最后大家还是在一个水平线上竞争。而做"少而专"的事情，看起来短时间会损失一些生意，而这恰恰是乡镇市场最大的机会，因为你比别人在某个生意上更专心、更专注、更聚焦，哪个消费者不愿意找这样的商家买东西、买服务？哪个厂家不愿意支持这样的代理商？有了用户的喜欢又有了厂家的关注和支持，不做大才怪呢？毕竟人的精力是有限的，多不一定大，大不一定强。纵观整个行业的企业商家，90%的优秀企业和经销商都是一心一意能坚持做好一项核心业务的。

坚定自己的目标，坚持聚焦一件事，滴水可以穿石，铁棒可以磨成绣花针。生意只有专心专注才能做大、做好、做强、做久，这是做生意成功的不二法门！

用速度袭击市场大鳄

当今市场竞争是快鱼吃慢鱼的时代，天下武功唯快不破！

非洲草原上的羚羊清晨一醒来，就知道新的比赛将要开始，对手仍然是跑得最快的狮子，要想活命，它就必须在赛跑中获胜。另一方面，狮子也在思考，假如跑不过最慢的羚羊，就只能饿死。自然界的竞争法则就是如此残酷。

一种动物能够生存长久是因为它对环境变化反应快，因此占据先机、主动；一个企业能从小变大也是因为反应快，能够在特定的节点和周期上抓住关键点。这种快速反应不仅仅是快，更确切地说是一种势，由速度带来的一种优势。营势在某种程度上就是营速度、营时间，就是要速战速决，用速度去冲击规模。

比如说在市场竞争的过程中，竞争对手是一个庞然大物，已经处于优势地位，你要想撼动他，把他的高地拿下来就很困难。拼整体实力不行，拼区域性优势也拼不了，那该怎么办？有一句话，天下武功唯快不破。速度本身就是一种能量，叫动能。子弹虽然很小，但因为速度快，所以破坏力非常大。在商业领域，温州人、广州人以行动迅速闻名，能够处处占据商业先机，将生意持续做大。同样的道理，做营销也要建立起动能来，拼速度，利用快速的能量一战而胜。

在战争史上，以速度著称的典型战役是希特勒的闪电战。在法国还没有建立起完整防御工事的时候，希特勒就已经摧毁了法国的防御系统，从而赢得了战争的先机。营势聚焦能量是为抢占高地，营势营速度则需要雷霆出击。如果竞争对手在市场上已经做得非常好了，品牌领先很多年，在消费者心里也根深蒂固了，这个时候你去与竞争对手拼规模、拼影响力是很难的，拼速度则有一线生机，就像火中取栗一样，必须迅速拿出来，拿到一个是一个。只有快速消灭他的有生力量，迅速抢占他的市场，才能短期内实现快速布局。在对手建立防御之前先抢占高地，抢好战略位置，再插上一把刀，最后让竞争对手自己流血而死。

在市场竞争同质化严重的今天，消费者越来越理性，加上竞争对手不断跟风，企业必须通过增加速度、积聚势能来获得更大的优势。当我们做到竞争对手无法模仿、无法超越，甚至令他们望尘莫及时，就能在一个爆发点上形成巨大的势能，从规模中产生效益，让数量转化成销量。再大的恐龙如果不能迅速适应环境也会消亡，在周星驰的电影《功夫》中，天下头号杀手火云邪神的一句台词，为我们道出了万事成功的秘诀："天下武功，无坚不摧，唯快不破！"这就要求我们必须按同一个节奏、同一个速度、同一种方式去做同一件事情，然后就会产生强烈的共振，共振产生强大的势能，我们就能势如破竹、势不可当！

三星CEO尹钟龙有一个"生鱼片理论"：在抓到鱼后第一天卖出，一般都能卖个好价钱；如果没有卖完，第二天再卖，最多能卖1/2的价格；到第三天，就只能卖到1/4的价格了。所以，三星总是将最先进的产品赶在竞争爆发之前上市，以最快的速度抢占市场，实现"高额利润—研发—品牌—高额利润"的正循环。

蒙牛前总裁牛根生更是深谙"速度使企业制胜"的真谛，蒙牛的飞速发展要得益于它总能比其他企业最先抢到商机。即使在"非典"期间，蒙牛仍然能够保持三位数增长（126%）。

[案例] 小米速度

> 小米的发展速度正越来越快。在创业之初，小米的库存周转要30天。此后，小米迅速展开全国物流、售后体系的建设。至今已陆续在全国开设了10个仓储物流中心，团队规模扩充到1500人，库存周期缩短到了7天，同城速配服务可以做到48小时上门，由此基本构筑了支撑小米电商崛起的物流配送网络。
>
> 2014年4月8日下午13:29分，顺丰快递员将米粉节第一单交到了南京一位女用户的手中，从下单、出库到妥投仅用3个多小时。
>
> 小米的物流体系借鉴了丰田的JIT（just in time，准时制生产方式，又称作无库存生产方式）模式，其独特之处在于缩减了

> 中间渠道环节的数据回流时间，提前一周收集预售订单，结合当周的销售额、百度指数、论坛与微博话题热度等指数，制定下一周的生产量级，货到仓库后即时发出，整个流程接近于零库存。

闪电拿下世博会

在上海世界博览会（以下简称"世博会"）上，大家都知道，作为一个国家馆一定会用本土的品牌，因此世博会上的美国馆本来是不可能用中国的太阳能的。就太阳能行业品牌来说，美国馆一般会选择本土的知名品牌S。然而结果是美国馆最后使用了四季沐歌的太阳能。这里面其实就是反映了一个营销反应速度的问题。因为对S品牌来讲，他们认为美国馆理所当然要使用美国本土的产品，所以他们在招投标过程中，觉得美国馆是囊中之物，就没有充分考虑到世博会工程进度的紧迫性和严重性。

整个世博会场馆一开始建设是比较慢的，很多东西是不到位的，又是这么大规模的项目，导致在后面施工的过程中，一定要抢进度，而且后期设施设备必须测试、调试。所以，美国人缓慢的决策给了我们一个很好的机会。当时我们住在上海，加班加点，和美国馆工地上的人、和设计院的人抢速度，拼时间，包括后期的整个施工过程，一直到最后验收，都是夜以继日地抢时间。验收完成时眼看第二天就要封闭了，当时不允许任何人进去，我们临时在美国馆开了一个发布会，紧急准备了一个横幅，将这一见证性成果保留了下来，这可能是世博会唯一流出来的一张珍贵的照片，就是我们项目验收的照片。美国馆使用的太阳能设备本来是美国太阳能厂家的囊中之物，却被我们硬生生地给抢过来了。

图 3-3 四季沐歌美国馆的项目竣工

这个项目对我们进入上海市场至关重要,我们借用了美国世博馆的案例证明了我们技术的专业和先进。有很多新闻媒体报道了这个事情,很多新闻记者非常惊讶,这怎么可能呢?怎么会呢?美国 S 品牌到最后一刻都不相信这件事情是真的。在世博馆里,我们安排了一个人随时在现场,保证及时响应售后,比如说热水器坏了,场馆没有热水,那么就立即抢修,因为世博会期间热水器坏了不仅仅是重大的失误,更事关品牌口碑。我们拿了美国馆的这个形象项目之后,以这个项目为契机,顺势带动世博会周边所有的消防大队成为我们的客户。因为有很多消防官兵驻扎在周边,他们也要洗澡,他们使用了我们的产品后,一时间产生了巨大的品牌示范效应。

与此同时,我们还拿下了移动通信馆。移动通信馆也是考虑到后期施工的问题,那些主要的设备,比如空调、照明、里面的布展等,消耗了他们大量的精力和时间。这个时候,时间就是最关键的要素,甚至是决定性的要素。我们成功跻身于世博会,靠的就是我们的反应速度。有很多企业拿赞助费,花了大笔的钱,挤破头才进入世博会,但由于反应速度等问题,品牌口碑反而并未达到预期效果;还有更多的企业即使是花了钱最后也没能进去。但我们没有花钱,不仅成功打进了世博会,结果还赚了钱。我们借势在《上海第一财经》做了整版的广告，在世博会期间发放到各个地方，大大推广了我们的品牌，其广告效果是平时数倍努力都不可能企及的。

从规模和品牌影响力上来讲，当时我们和S品牌不在一个量级上，但是，借着上海世博会上漂亮的一役，我们用速度冲击了比我们规模大的企业，打了一场堪称完美的品牌推广战。

牛群和冯巩说过一个相声叫《小偷公司》，讲述一个小偷公司打报告，从副组长到组长，从副科长到科长，从副经理最后到总经理，层层打报告，报告还没批完，警察已把这群小偷堵到屋里。最后小偷感慨道："官僚主义害死人啊。"这个黑色幽默颇能说明问题，反映了决策速度的问题。中小企业最大的优势在于它们的灵活和快速。在竞争的过程中，灵活、快速是中小企业战胜大企业最重要的一个手段，也是中小企业得以生存和快速发展的一个根本的要素。

❂ 抢食家电下乡盛宴

此外，速度还体现在企业战略的调整上面。在太阳能行业里有一些非常优秀的企业，这些企业曾经引领整个行业数十年。当中国需要拉动三四级以下市场、建设社会主义新农村、整个行业的经营渠道下沉的大趋势下，包括曾经的行业开拓者在内的很多品牌没有跟上这样的节奏，在这一轮竞争中错失了巨大的商机，逐渐退出了竞争的行列。

对于四季沐歌来讲，企业高速成长已经成为一种势，通过这种势，可以克服很多发展中的困难和问题。这当中有个惯性的力量，必须确保速度的持续性，就像陀螺要保持不倒，就要不断加快旋转速度，越快越稳定；如果慢下来，陀螺就倒了。因此，我们要始终保持快速发展的势头，要始终保持快速运转带来的速度优势，不断使自己高速运转起来。

家电下乡渠道分布非常广，有几万条渠道和几万终端乡镇，如果这些渠道不能纳入到家电下乡的名录中去，那么家电下乡和你就没有关系，另外家电下乡名录登记是有时间限制的。所以，这个时候比的是执行力和速度。我们快速响应并启动第一轮的企业内部培训，把所有受训的员工分配下去，分片包干，帮助经销商把渠道备案工作快速抓起来。因为不备案的话，就没有入围资格，就不能进入系统，就不能成为家电下乡合法的经营者。同时，只有备案的企业才会被颁发铜牌，有铜牌才能卖家电下乡的产品。我们迅速调动了大量的人力、物力、财力到市场上去，带着经销商，挨家挨户收资料。我们几千人下去，在很短的时间内迅速帮助几万家经销商把信息搜集起来，然后帮他们把信息录入到系统中来。因此，我们最终成为家电下乡太阳能行业最大的受益者，说一千道一万没有用，最后拼的是速度。谁能把渠道信息录进来，谁就能快速地把信息系统建立起来，谁就是真正的赢家。

那个时候很多乡镇是没有电脑的，没有电脑是录不了信息的，我们立即购置了大批电脑，免费送给经销商，快速地铺下去。我们咬牙拼速度，既要解决网点的备案问题，还要解决网点的信息录入问题。我们甚至在家电下乡还没有开始的时候，内部就已经启动家电下乡的预案，提前进入演练。无论从产品的型号、数量，网点的数量，录入的数量，入选经销商的数量，四季沐歌都是行业里做得最好的，同时也是太阳能行业第一个和当地政府联手启动家电下乡工程的。

当时很多人都在观望，当地政府是有压力的，因为家电下乡工程是国家的工程，是应对金融危机的一种手段，当地政府要响应国家的号召。家电下乡工程一揭幕，我们就到处搞家电下乡的启动仪式，当地政府特别开心，对我们的工作特别支持，和我们一起启动这个大工程，因为如果我们不搞这个活动，他们也要自己搭台子，现在我们先把台子搭好了，他们就省了很多精力和资源。有了政府的公信力，我们推行这个活动就顺利多了。以河南为例，河南省的家电下乡工程启动时，河南省副省长亲自到场出席启动仪式。整个河南省的家电下乡的启动仪式都是我们举办的，不是我们有实力，而是我们比别人速度快。当时我们还是很小的企业，远不及家电企业那些实力雄厚的大品牌，但最终拼下来还是我们更快。

第一个响应做公益

营销速度也分很多种，不仅仅是做市场，做传播、做公关也是如此。我们第一时间响应党中央的号召，开展阳光创业行动，这也是拼速度的典型案例。2008年5月12日，我们作为行业代表第一个冲到了四川汶川地震现场；2013年4月20日上午8:02四川雅安发生地震，中午的《焦点访谈》等中央电视台节目的镜头里，就出现了四季沐歌的帐篷、小伞。我们在第一时间启动了应急机制，当地经销商立刻把帐篷拉到街上去，支撑开，作为灾民的安置点，街边一大片一大片的帐篷，都是我们的。同时，我们第一时间启动了爱心午餐，灾民的中午饭就是在我们的帐篷底下吃的；我们还第一时间把经销商仓库里的热水器直接安装到医院门口。所以，中央电视台好几个栏目的记者采访灾民，"四季沐歌"四个大字一直在镜头里出现，很多人看到后非常震惊。很多企业最后连进都进不去了，因为后来援助的人太多了，给当地维持秩序带来一定难度而不得不采取戒严措施。而我们的人早就在那边埋锅做饭，给灾民准备早饭、午饭，为他们搭起帐篷，建好热水系统。当天下午我们还启动了"全国万人献血给雅安"的大型公益活动。

速度就是核心竞争力，不是说谁的实力大就肯定能赢。无论是做市场、做项目、做公关、做传播,还是做新闻,时间就是金钱,速度就是力量。尤其是在我们处在竞争对手强大、资源匮乏、竞争力不足的情况下,速度就是我们最好的竞争力。永远保持比别人反应快一些,这也是中小企业赖以生存的核心能力;反过来说,这也是大企业最大的毛病。对中小企业来讲,正确理解速度两个字,无论是做市场还是做品牌,都会有意想不到的收获。

营势关键点:

速度就是我们最好的竞争力。

用规模冲击消费认知

规模意味着影响力,意味着尊重,意味着财富,意味着成为主导;没有规模,就永远没有地位。

国美——规模决定话语权;

苏宁——机遇源于规模;

TCL——有规模才能掌握话语权;

百安居——门店规模意味话语权;

格力——走出价格战,规模决定话语权。

我们一直强调营销里没有真相,只有认知。聚焦一个点饱和轰击可以改变认知,借助极限速度也可以快速改变认知,通过累积规模也可以实现量变到质变的冲击，迅速改变消费者的认知。消费者看到的便认为是真相，然而是不是真相，谁也不知道。就像历史一样，意大利历史学家克罗齐说，一切历史都是当代史。历史有时候就是被人随意打扮的小姑娘，一定有虚假的成分，或者至少是不真实的。我们做市场、做企业、做经营，都要认识到"只有认知，没有真相"这个理念。

百台巡展极限战

根据这一规律，我们以"百台巡展"的形式攻克了坚如城堡的山东市场。"百台巡展"实际就是一种颠覆式的规模化展销方式，既包含了饱和攻击的理念，又体现了从量变到质变。2012年以前，山东市场被传统的知名品牌H、L、S三大巨头牢牢盘踞，这三大品牌精耕细作十几年，形成铁桶一片，外面的品牌基本进不去。高端有H品牌，中端有L品牌，低端有S品牌，还有临沂等地大量的地方小品牌，本省品牌基本上实现了垄断。全国的其他市场我们都能够很快进去，但是山东市场总是迟迟攻不进去，换了好几任营销部长，一两年换一个，还是攻不进去。相信很多做市场的人都面临这样的困境，铜墙铁壁砸不进去，怎么办？我们面临着两层挑战：

第一，如何在没有优势的情况下寻求突破、找准缝隙生存下来？

第二，针对竞争对手已经有的品牌优势，我们怎么去袭击和抗衡他们？

这几个品牌虽然很厉害，但是我们可以通过改变山东消费者的认知，让他们先从阵势上看到我们比对手更强大的一面，通过他们亲眼看到的事实逐渐把他们的认知扭转过来。只有这样，我们才有可能进入这个市场。所以，我们在2012年年初，启动了声势浩大的"百台巡展"工程。

经过策划，我们在2012年3月15日前后，在山东的乡村市场做了几场试点，发现效果不错。根据这种打点的思路，我们选择了相对比较发达的乡镇。所谓的发达乡镇，就是镇上至少有一条主街道，沿街要整齐，有一定的商铺。如果有两条主街道则更好，可以区分出主干道。怎么才能颠覆消费者对我们品牌的认知，在购买商品后产生自豪感，真正改变消费者对我们的评价？要实现这样的目的，就不能按照常规手法去做，必须做到一种极限。用极限的营销方法、极端的手段去做推广，才能改变消费者十几年的认知。

　　用什么样的营销手段才能做到极限，才能改变看着竞争对手产品广告长大的消费者的认知？我们做了相当长时间的研究，决定在乡镇尝试创新的展示模式——"百台巡展"。我们以前搞展销，样机也就是三五台，最多十台。但这次我们决定大搞一次，搞100台样机！我们把一条街租下来，把样机从街头摆到街尾，马路一边摆完还摆不下，在对面再摆。活动现场消费者看到的全是我们的样机，俨然这个镇子就是四季沐歌的专有镇，很多人都被这样一个宏大的场面镇住了，如现场一个老太太说长这么大都没有见过这种阵势。很多乡村人赶集，看到这阵势就惊呆了，不断地问这是干什么的。许多人都说做到这样的程度，是他们从没有见过的，这就产生了震撼的效果。这种场景让竞争对手望而却步，连想都不敢想，更别提跟进了。周边很多做生意的人，包括做家电的人、做建材的人，一辈子都不敢想能做到这样一件事情，做市场还可以这么做，这样做是想干什么。

　　100台样机，1台样机加上样机之间的间隔有两三米长，连接起来就是两三百米长，还有设计的几十个大型拱门，主要路口、标志性场地全部覆盖了，从街头到街尾，再加上相邻街道和标志性场地都是一望无际的样机、帐篷、拱门，穿着一致的业务团队、经销商人员穿梭其间，还有现场熙熙攘攘的人流和热闹的喇叭声、促销声、锣鼓声,这是什么概念?光样机一项我们就持续摆放了好几天,每一天都是一个热闹的集市,每一天都是四季沐歌成堆的礼品、显著的宣传物料、醒目的道旗、连片的帐篷、恢宏的拱门阵容,消费者一下子觉得这绝对是大品牌,太有实力了,简直无法想象。我们的巡展立刻在乡镇以及周边引起了巨大的轰动,瞬间颠覆了很多人的认识:原来四季沐歌才是最厉害的牌子,我们过去买的牌子是不是错了?

这绝对是一个品牌展示的海洋,一个十足气派的品牌展示专场,我们一边做科普,一边派发宣传资料;一边忙着摆放促销礼品,一边忙着现场登记,几十个人连轴转都忙不过来。比现场卖货更令人振奋的就是农民兄弟重新建立了品牌认知,让他们获得真相,真相就是:"原来我们前十几年都理解错了,原来四季沐歌才是最好的品牌,你看人家实力多大,这么多样机,一摆就是好几天,还有各种活动,这个企业绝对牛。"经销商的信心也慢慢上来了,代理这么有实力的企业的产品,让他们觉得特别有面子。旁边做家电的都高看他们一眼,从来没有见过这么做生意的,觉得代理这家企业的产品有前途。经销商的信心很快就提上来了。

"百台巡展"在一个乡镇大获全胜之后,马上迅速拉到下一个乡镇。一开始,包括业务人员和经销商在内,很多人有不同意见,提出很多问题,样机怎么处理,怎么拆装,晚上还要派人看,很浪费人工成本。等到执行下来,仅一场活动,一天就卖了五六十台热水器,实际效果大大刺激了业务团队和经销商,他们也变被动应付为主动执行。我们把剩下的几十台机器拉到下一站去,再补齐 100 台,等引起轰动效果后,再到下一个乡镇。每到一个地方就引起一阵轰动,慢慢的,一传十、十传百,通过这种强大的势能颠覆了消费者和经销商的认知,扭转了他们十几年的心智模式,我们也顺利地进入了山东的三四级以下市场。

营势关键点：

"百台巡展"造势，彻底摧垮了对手的心理防线，快速凝聚了分销商的信心。

这个活动不仅仅是在乡村做，在城市里也做。我们选择一处休闲广场，把场地全部包下来，把100台热水器摆满整个广场，搭建了好多拱门，浩浩荡荡，一望无际的四季沐歌绿色海洋，可以说是执行一场火爆一场，场场引爆眼球，场场收款满满。这就是规模带来的强大杀伤力，规模气场一下子打破了人们心中固有的观念。就像结婚用的婚车一样，为什么街上到处跑的一辆辆的车，很少引起人的关注，20辆婚车连在一起，人们就关注了？因为量变会引起质变，足够量的东西就会吸引大家的关注，产生震撼的效应，而且这种震撼的印象在人们心里是很难磨灭的。事实证明，"百台巡展"撤了一年以后，有人来买热水器时还说："一年前看你们的巡展，真是太厉害了，想想都忘不掉，去年家里没有盖房子，现在盖新房子了，想想还是买你们的产品好。"这个活动给人们留下的深刻印象是可想而知的。

"百台巡展"是资源的优势聚焦，短期内调动这么多资源对一个企业、一个团队的考验非常大，是一套系统的集中作战方法，别人很难复制。光是调动这100台样机，很多经销商就反对、不太配合，因为工作量太大了，从四面八方调过来，需要大批执行力强的团队，还要保证这些样机完好如新，这是需要严格训练和系统配合才能做起来的，不是任何企业都可以拿过来抄袭的。即便竞争对手知道了活动套路、拿到了执行方案，那又怎么样？他们不一定能做得了。即便是物料摆上了，团队的培训、精准配合、细节和火候的把控也很难达到我们的标准，系统的执行标准和团队执行力才是我们最为核心的竞争力。因为我们有可示范的标准和细化的模板，有典型成功案例的经验沉淀，加上我们配套的系统策略，还有预热、割草活动、展销、联动，所以说，这套打法别人很难复制。

之前我们在山东市场搞很多活动，效果都不好，主要是因为山东的消费者认为一场活动弄得再热闹，也不见得东西就好，缺乏一个彻底颠覆他们对产品和品牌认知的事件。"百台巡展"正是这样一个事件。这个活动理念还可以用到很多的地方，比如做现场促销，要赠送消费者礼品，不是说就摆一个杯子，摆一辆自行车，摆一小堆东西放在地上，这没有什么用。我们是几百个、上千个礼品往那一放，礼品堆得像山一样，让消费者看得心花怒放。我们摆帐篷也是这样，我们经常摆100顶、80顶，至少也得50顶，连成一片，摆两顶帐篷谁关心啊？量变到质变，产生了轰动的效应。既是聚焦资源、打点，同时也是量变到质变。所以，这个对很多中小企业是具有很大挑战的。毕竟要快速理解整套的思路，光模仿场面没有用，这是打的一个系统的组合拳。

面对山东这样困难的市场，没想到靠"百台巡展"这一方法一炮打响了，我们如法炮制，迅速占领山东市场，每年的销售额以60%的速度增长。L、S等品牌基本就是举步不前了。这个结果大大激发了经销商的信心，销售效果越来越好。所以，我们一直坚持"百台巡展"，要么不做，要做就做第一，造成轰动效应。

我们还会搞车队巡展，包下20辆车，坐在车上用大喇叭喊，拉着产品游街。这个活动我们经常做，效果也非常好。敲锣打鼓地在街上转，尤其是县城，本来就不大，转上三圈，县城的人就都知道了。到乡镇也这么做，敲锣打鼓的，进村进户。虽然这是很土的办法，但是非常实用。"百台巡展"适用于那些非常困难的市场，特别是短期内需要迅速突破的市场；不仅适合产品的巡展、物料的巡展，甚至礼品、车队的巡展都是可以的。这个活动实际上也暗含了聚集能量的思维。

密集分销，积聚势能

网络下沉，蹲得越低，才能跳得越高。

◎ 渠道下沉抢先机

广袤的神州大地是一个纵深的、分层次的市场。一是资源非常丰富，地域非常广阔；二是市场级别比较细，可分为一级、二级、三级、四级、五级、六级市场，北京、上海和广州是一级市场，省会城市是二级市场，地级市是三级市场，县级市是四级市场，乡镇是五级市场，村是六级市场。所以，在中国的市场版图上，营销是有很大作为的，除了渗透北上广一级市场之外，广大的三四五六级市场潜能是最大的。对大多数企业来说，他们都把眼睛盯在北上广等一级市场上。这些市场人口多、消费能力强。当然，反过来就是竞争激烈、费用高、品牌林立，很容易淹没其中，陷入同质化严重以及价格竞争的泥潭。

三四级以下市场虽然人口分散，市场消费能力相对比较低，或者相对来说，消费人口比较少，但是，品牌竞争的激烈程度反而比较弱。所以，中国的市场非常有挑战性，是新进入品牌的淘金地。越来越多的品牌、越来越多的企业，包括诸如宝马这样的高端品牌，调整了国内的几个总裁，就是要全面进入到三级和四级市场。品牌有两种做法：一种是从高往低做，一种是从低往高做。我们是从乡村向城市里走，也有的企业是从城市往乡村做。比如苏宁、国美逐渐向三四级以下市场开放,海尔等大企业也开始往下走。

城市市场越来越饱和,而很多三四级以下市场还是空白点,谁先占领了三四级以下市场,谁就获得了先机。尤其是太阳能热水器市场,在一级、二级、三级城市市场,一是受传统能源的限制和调整,受建筑本身的限制,安装的空间非常小;二是可替代的产品很多,比如城市里可以用燃气热水器,还可以用电热水器,能源替代性强。所以,随着城市能源的多样化,城市市场的挑战越来越大。反过来,随着城镇化建设的进一步推进,建设社会主义新农村提速,乡村越来越富裕,农民富裕起来后就要改善生活条件。他们还处在一直购买的过程,冰箱、空调、洗衣机、太阳能热水器等,都还没有普及,因此乡村是潜力巨大的市场。

得渠道者得天下,如果哪家企业在乡村把网络编织好的话,收益之大可想而知。目前真正在中国乡村耕耘得比较深的,尤其是乡镇网络市场做得很好的,目前只有两家政府主导型企业:一家是农村信用合作社,基本上到了乡镇;另一家是中国邮政。

三四级以下市场做得相对比较好的民营企业有娃哈哈。娃哈哈之所以能够在可乐上分得一杯羹,主要是基于他们在广大的三级、四级、五级、六级市场获得了领先,网络分销上的先发优势使得他们根深叶茂,做得风生水起,足以抗衡任何一个跨国巨头。还有一家企业做得不错,就是海尔。海尔较早地采用了乡镇分销模式,旗下的日日顺不仅仅是一个面向乡镇市场的强大物流商,还是一个个终端的综合服务站。最近这几年,格力、美的也慢慢进入了三四级以下市场。这是中国绝大多数企业都很难做到的,能做到县城一级就算是很厉害了。其实这种现状给了中国中小企业很大的机会。

没有所谓真正意义上的绝对强势的品牌,中国市场实在是太大、太深了,到处都有活下来的空间。我们要想成为一个真正的行业领导品牌，必须解决销售网络的问题，必须实现乡镇和乡村市场快速的密集分销。太阳能本身的特性决定了其在城市市场主要以工程业务的形式出现，和地产商结合起来，做商用和工业热水。而真正的零售型家庭用户，主要还是三级、四级、五级、六级市场，更适合安装，销售人员也相对单一。这是两个不同的市场类型。

集镇分销，做短渠道

产品是靠渠道卖出去的，没有渠道，产品卖不出去，没有人提供服务，就不能高效率大规模地推动营销。既然得渠道者得天下，那么这些市场怎么布局？怎样才能构建真正属于品牌的根基？我们在具体执行中也碰到了很多障碍，因为层级太多了，有地级市总代理、县级市分销，然后再到乡镇，利润层层分配，到终端以后，一个是成本太高，渠道都把利润赚走了；第二个是很多的政策落不下来，管理的半径太长，企业鞭长莫及。

一个品牌要想成功，渠道的变革是一个永恒的话题。能不能快速抢占这些市场，使自己蹲得更低一点，决定未来企业产品的销量。传统市场从一开始的计划经济时代靠批发站，到后来的百货商场，再到家电卖场，最后到今天的社区店，包括顺丰开的嘿客店，都是在做渠道。实际上今天的互联网也讲渠道，电子商务的本质还是渠道的变革。所以我们提出来"蹲得越低，才能跳得越高"的口号。

 营势关键点：

互联网也讲渠道，电子商务的本质还是渠道的变革。

从2007年开始，太阳能整体市场重心开始由城市转向乡村，我们顺应这种变化，果断推进扁平化的"县＋集市"的两级销售网络，坚定不移地推行"集镇分销模式"，快速扩展以小集镇为核心的分销网络，实现由城市市场向三四级以下市场全面转移。通过这样的变革，使得我们的销售管理、市场推广、售后服务、物流配送等工作能够迅速地下沉，迅速地接地气，迅速地接洽分销商，与消费者沟通的距离越来越短，市场反应速度越来越快。

到2012年的时候，我们已经发展了3万家的乡镇网络，接近2500多家县一级的市场，除去一些偏远地区，80%以上的县城、乡镇都覆盖了。从网络的覆盖和网络的成绩来看，我们把乡镇和乡村市场的基础打得非常扎实。

"集镇分销模式"即每个乡镇以集市为单位建设二级分销网点，除了在乡镇所在地设立经销商外，可根据当地实际情况，在凡是有集市（小商圈）的村庄同样设立与乡镇同等级的经销商（特别是沿国道、省道分布的村庄），且由县城总代理直接管辖，以此实现网点的裂变式扩增。同时，我们要求集市网点必须由县级经销商直接管理而不是归乡镇经销商管辖，并划分销售区域，严防串货发生。

经营 1+X 金网络

以县级经销商为核心的二级分销的管理，是很多企业都颇为头痛的问题。一级管理就是对县级总代理市场的直接管理。为确保公司的营销政策和市场活动直接宣贯到位，我们派驻过去的业务人员对经销商进行日常的拜访、管理、把控，包括定期开订货会、培训会、沟通会。二级管理就是通过县级总代理把这些乡镇也分成片区，比如东片区有10个分销商，在里面选出一个代表，西片区选出一个代表，南片区也选出一个，这些代表相当于召集人。业务上他们是并列的，但是做得比较优秀的经销商，就同时赋予他管理责任，让他觉得很有成就感，自己既能把生意做好，又能管理一些人。

比如选五个片区，东、西、南、北、中，每个片区选一个业务做得好的经销商，这五个人我们要重点培养，作为示范经销商，靠他们的影响力带动周边。因为他们生意做得很好，别人愿意到他们那里学习，他们又代表我们说话。就像选人大代表一样，代表经销商参政议政。这样就可以两条线，厂家和总代理一条线，经销商自己一条线，推出自治管理区，一个是经度，一个是纬度，织成销售管理的网络。不串货，不乱价，活动很配合，这是自主管理的片区，他们一旦参与到销售的管理中来，就会主动维护秩序，他们也不希望有人搅乱市场秩序。因为经销商太密集会串货，会乱价，会打仗，所以他们经常在一起碰头，有点像商会，相当于内部的集会。我们开经销商代表大会，选一些优秀的经销商参加集团总部的大会；我们开区域性的年会，也选优秀的经销商来参加。之所以这样做，是让他们像人大代表一样受到尊重。

在河南发展分销商的时候，我们提出了1+10网络工程，后来提出了1+20网络工程，再后来我们提出了1+X网络工程。什么叫1+10网络工程？就是一个县级的经销商，至少要培养10家分销商，树立10个分销商标杆；"1+20"即一个县里面20个乡镇有分销商。每个乡镇有很多人口集中的集市，一般一个乡镇有4个集镇，覆盖十几个村，所以又进一步细化为"1+X"的要求。多的地方，一个经销商底下有100多个分销商，这个时候密集分销带来的结果是分销商一旦联动起来，产生的量变是非常大的。一个网点卖一台很容易，这样100个网点就可以实现100台的销量。有一个销售的法则，渠道的数量乘以每个渠道的销售数量，就等于总销量。有时候我们做到一定的程度，可能就会停止增长。如一个乡镇前年卖100台，去年卖200台，今年打算卖300台，难度就很大，能维持住200台就不错了，增长不是无限的。所以，改变渠道的数量，原来10个经销商变成20个经销商，就可以提升销售的数量。

做市场就像在河里捞鱼，网织得越密，一网下去拉上来的鱼就越多；网眼越大，打上来的可能是大鱼，但是小鱼都跑了，效果就不一样。规模效应，有了网络就有了规模，网点越密，规模就越大。同时，具体到每一个经销商，他下面又有密集的分销，规模效率非常高，我们称之为"渠道网格化"，提出以6~9公里为半径，画出一个圆，作为一个乡镇经销商的活动范围。在乡镇，超过9公里，经销商的影响力就很有限了。我们通过大量发展小集镇，迅速使网络的数量翻番，这样再来搞活动，搞联动，效果就会非常明显。

〔案例〕麻城模式

> 在湖北麻城有个经典的样板市场，我们称之为"麻城模式"。
>
> 麻城靠近大别山，属于山区，我们做了好多年的市场，都做不起来，后来我们换了一个经销商。这个经销商以前是做自来水管的，做自来水管时就用了密集分销的思路，他把这种思路带了进来。在做密集分销的过程中，为了防止乡镇代理商对我们有太多意见，我们对麻城地区的代理商进行了分类，分成A、B、C、D四个档次，对原来的渠道经销商进行改造。A级是属于卖得好的乡镇代理商，B级是卖得一般的乡镇代理商，C级是待优化的乡镇代理商，D级是空白的乡镇代理商，甚至是必须淘汰的。

> 对A级的乡镇代理商，我们先不去划分市场，继续保持他的优势，使他继续做大；B级做得还可以，先不动他；C级则面临淘汰，要保这个市场，就需要重点改造他；D级是空白的。在这个过程中，我们从A、B级开始，与他们签订年度任务目标，如果年度目标达不成则再和他们谈，达到了就保留他们的代理资格，这样有奖有罚，让他们有压力。C、D级别的代理商则扁平化处理，把乡镇拆开，以小集镇和村为单位，开发出来销售网点。对于D类，因为达不到目标，先固化在3～5公里的乡镇所在地，保留经营的资格，别的地方不给了。通过这种方法，我们迅速地细分市场。
>
> 结果，第一年我们在当地的营业收入就从300万元翻了一倍，做到600万元；第二年从600万元到900万元，这说明我们的麻城模式不仅激活了当地市场，也非常明显地提升了销售业绩。

以上这个案例说明在今天竞争这么激烈的市场，如果能够构建一个比较密集的网络，那么就能够快速地提升我们的市场覆盖，快速地提升市场的增量。中国市场的潜力是非常大的，很多地方不是没有人买，而是没有人卖。比如很多乡村的市场，人们之所以不买你的产品，原因是根本没有这些品牌的产品在那里展示，没有品牌的形象传播到那里，也没有人给他们传递正确的消费观念、产品和价值。

可口可乐有一个经典的九字诀，叫"看得见，买得到，乐得买"。一个小卖铺、一个小饭店、一个小超市，到处都看得见可口可乐，看得见才能买。光买得到还不够，还要乐得买，这叫促销。

强化存在，累积势能

在中国市场上，渠道为王是没有错的，关键是怎么去理解。互联网的出现颠覆了一些传统渠道的存在价值，但是，互联网不是万能的，很多商品的交易、服务还是要通过线下完成。所以，今天存在社区店，我们认为接下来社区店会成为新兴的渠道形式。还有很多的超市便利店，如7-11，并没有因为大卖场、网络店铺存在而倒闭，相反他们活得很滋润，因为它解决了消费者便利性的问题。另外，包括顺丰在内的物流商，在今天互联网电子商务这么发达的今天，还要开社区店，来解决最后一公里的问题。所以说，在中国的市场，渠道里最后一公里的问题，是一个永恒的话题。这种密集的渠道分销，构建了品牌的影响力，也构建了品牌对消费者持续深入的影响。

营势关键点：

密集的渠道分销，构建了品牌的影响力，也构建了品牌对消费者持续深入的影响。

每一个点的设立都代表了品牌的存在，代表了一种品牌的影响力。在很多偏远的山村，即便没有多少消费者，如果投入的成本非常低，也值得设置一个分销点；即便不发生销售，至少这个门店也是一个活的广告牌，是我们搜集信息的一个点，同时也是一个服务网点，这表明品牌力的存在。就像美国在全球宣示霸权，就在全球建设基地。基地表示什么？表示存在。存在就是力量，存在就可以发挥影响力。所以，美国在全球的势能是无处不在、无处不影响的。品牌的存在，也是一种势能。因为存在就能产生能量，站在高处是能量，有速度是能量，有数量也是能量。

第四章　营势就是建模式

　　模式就是生产力，做营销就要快速提炼模式并复制推广。

　　营销是先抓点再抓面的过程，通过抓点树立标杆、打造样板、提炼模式、快速推广。模式不仅仅是一个标杆，更是一套执行的标准，它的力量在于可以大规模地复制推广。成功只有能够复制，才可以真正持续下去。

乡镇割草模式

野火烧不尽，春风吹又生。

乡镇割草模式是我们过去几年实现高速发展的一个秘密武器，已经上升到企业营销的战略层面。我们的竞争对手谈起我们，除了航天营销和央视广告，提及最多的就是乡镇割草模式，这是行业内我们首创的、具有浓厚四季沐歌特色的、适合三四线市场的营销法宝。从2008—2014年，乡镇割草活动一直贯穿始终，成为我们整个营销当中最主要、最独特的战术，也是我们荣膺冠军宝座的最主要秘诀。我们的营销团队、经销商无人不知乡镇割草模式，绝大多数人都参与过。

乡镇割草模式的由来

乡镇割草既是一个营销模式，又是标准化的乡镇活动模板。这里面有标准的动作要领，主要是为了解决可复制的问题。如果不能复制,全国市场就没法推广。割草是一个基本的战术动作,从进公司第一天就要学习这个,人人都要学,人人都要会,每个经销商也都要会。

乡镇割草这个词的由来也是很偶然的。最初我们启动乡镇市场的时候难度很大,因为居民住得很分散,要把乡镇的客户吸引到专卖店里来购买产品是一件非常难的事情。乡镇有固定的集市,我们以前做活动也赶集,现场把几台产品一放,舞台一搭,加上演出和促销,但一场活动下来卖不了几台,实际效果并不好。我们随后就结果进行分析:怎么会这样呢?难道居民没有需求吗?分析的结论是:不是居民没有需求,没有现场购买是有原因的。太阳能热水器是家庭大件、是耐用消费品,购买决策的时间比较长,甚至跟家里的投资、盖房子、装修、娶媳妇等都有关系,并不像上街随便买瓶水,喝完走人这么简单。所以,以前的活动效果比较差,不是说市场没有需求,而是在搞活动的时候,居民还不知道这个品牌,或者说不知道有这样的活动,等到想买或者准备好去买的时候,活动结束了,双方老是对不上话,这是我们在乡镇搞活动的一个弊端。我们认为乡镇的人是一波一波的,乡镇市场的需求也是一波一波的:

(1)乡村没有五一、十一的概念,外出务工的人五一、十一回来,这些人在城市赚到钱回来后就要消费,这是第一波;

(2)农忙和春节,很多人从外地赶回来,这些人要消费,这是第二波。

所以,我们的活动做完这一波要等下一个节假日。虽然每一次活动时间间隔比较长,但是由于乡镇数量很多,可以在这里"割完"又到那里,然后等下一个节假日又从这里开始,形成循环,持续做下去,甚至可以一个村一个村地做。野火烧不尽,春风吹又生。收割完一波人，下一波人又来了。市场要培育，这次活动可能把你培育出来了，知道我们来搞活动了，但你家里还没有需求，下次来了，你可能就有需求了，我们的出现正好满足了你的需求，而不是等你有需求的时候我们不见了，所以，乡镇割草必须循环起来。根据这个特点，我们决定用乡村居民比较容易接受，乡镇经销商也容易接受的话语，重新做营销活动。他们容易接受的话是什么？是割草。草割完以后过一段时间又长起来。割草不是拔草，草拔完就没了。

乡镇割草模式的四个步骤

乡镇割草模式的成功不仅体现在现场，更体现在现场之外充分的准备工作中。活动有四个基本的步骤：

第一，预热。任何一场割草活动，必须提前三五天做预热，没有预热是不会成功的。因为对太阳能热水器的购买决策，不是现场买了就走了的。我们要提前让消费者思考、商量、准备，这样才能到现场成交，所以，平均花三五天去预热。

第二，造势。造势就是让消费者眼见为实，心里感到踏实。要选择良好的区域环境，现场要营造很好的氛围，让他觉得我们有实力，让他觉得今天买有面子，占便宜了。当他犹豫不决时，通过现场看到还是比较放心的。否则的话，仅仅摆两台样品在门口，没有演出，也不热闹，没有热销氛围，消费者就可能不来买了。

第三，快速成交。消费者心动之后，必须快速成交，绝对不能拖，一拖就黄了。他们回家以后想想，还是不买了吧，这就坏了，所以必须趁热打铁、快速成交。

第四，后期跟踪。这一步骤也是必需的。跟踪是为下一次的预热奠定基础，是下一次循环的开始。比如，在这次活动中，有消费者过来，但最后还是犹豫不决，没有购买。销售人员就要问他要电话，就要跟踪，这是下一次预热的对象。

这里面还有很多需要注意的问题，比如怎样在预热的过程中让客户赶到现场。我们在一个乡镇趁赶集的时候做预热，告诉当地居民明天赶集时来参加精彩的活动，他们今天答应好好的，明天家里有事就不来了，这种现象太常见了。我们怎么保证他们能去呢？怎么吸引他们，提前锁定他们呢？怎么吸引他们快速成交，今天就把钱交上来呢？怎么吸引他们交全款呢？怎么能吸引他们不跑，不去买别人的产品呢？你搭台子别人唱戏，这就麻烦了。

我们参照了保险销售的手段，一家一户，登门直销。我们提前锁定客户。怎么锁定？通过卖购物卡，就像理发、美容用的消费卡。

[案例] **徐州割草活动**

> 我们有一个经典的案例，叫作"最开心的笑脸"。
>
> 丁经理怎么也没有想到，在睢宁这个江苏省级贫困县的官山镇，借农民赶集的机会，他一天竟然卖掉了205台单价3000多元的太阳能热水器，创造了日销量的神话！这比他过去一年的销量还高。
>
> 徐州睢宁官山镇，一个小小的镇子里最宽的马路不足1.5米。由于人口稀少、经济条件落后，丁经理过去一年的销量也只有几十台。2008年4月，他在当地中心广场展开了一场割草活动。活动现场，整条街人流如织，仿佛全镇的人都出动了。仅仅一天时间，就卖出了115台，是他过去几年的销量，丁经理脸上笑开了花！

第四章 营势就是建模式

图 4-1 2008 年，徐州睢宁官山镇，丁经理脸上笑开了花

〔案例〕**东海割草活动**

　　恰巧也是在这天，在江苏东海县 T 镇，颜老板用同样的营销手法卖掉了 180 台同型号的热水器。

　　连云港东海 T 镇割草活动现场的盛况在小镇中可谓是十几年难遇。T 镇是众多太阳能品牌聚集的市场，竞争十分激烈，我们当地经销商颜老板是 2007 年 10 月刚加入的新商。活动当天，就遇到了对手的强烈狙击。颜经理却毫不示弱，拱门一下子就支了 45 个，样机摆了 60 台。同时，分设两个战场，分战场将低端样机摆在对手旁边以引导客户，主战场凭借超强气势压倒对手。最终，颜经理打败强劲对手并取得了销售 180 台的光荣战绩。有道是：T 镇如此多娇，引无数英雄竞折腰。数风流人物，看我们绿色主人！

　　丁、颜二人是很普通的县级代理商，像他们这样打拼在乡村第一线的代理商还有2000多家。乡镇割草模式不但让代理商们有钱可赚，总体上也大幅提高了我们企业的销售额。

乡镇市场实战模板

乡镇割草是一个标准的模板，可以细化到第一天做什么，第二天做什么，连促销单的模板、现场的展板，包括主持人的台词都是标准化的，所以复制起来很快，上午在这里割草，下午就可以到别处去。有时候几支队伍同时下去，带着艺术团给老百姓表演节目，就错开时间段，艺术团上午在这里演出，下午到那里演出，晚上再到另一处演出，这样就把乡镇连成了片。所以，经销商忙得不可开交，我们帮助经销商卖货，经销商帮分销商卖货，分销商没有道理不跟着经销商干，而且周边人一看，搞活动真的卖货。竞争对手会以为，只是现场卖出去的货，也没多少。实际上"功夫全在诗外"，预热是关键，造势是关键。如果预热充分的话，在一个乡镇搞一场活动卖上上百台，一个村卖十台八台，都是很正常的。

（1）抓两头战术

①针对一个村进行一对一营销时，应首先针对该村的实际收入情况确定好主销产品。

②马上上门攻克村长或村支书，给其一定额度的优惠，力促其购买略好于主销产品的太阳能。

③然后攻克村中收入最低的住户（如某五保户），力促其购买主销产品或略差于主销产品的太阳能。

④攻克村长或村支书后，其住家周边的住户将跟着村领导的风向购买差不多型号的产品；攻克最低收入者后，该村其他住户也会不好意思购买比其差的太阳能。

⑤口诀：抓住村长抓住贫，抓住了两头就抓住了人。抓住了流行的导向，抓住了所有要买的人。

（2）情感营销，抓住水电工

①水电工是乡镇推销的主力人员，而优秀的水电工一般手上拥有几个太阳能品牌，因此应对其进行一定的情感营销。

②为水电工提供四季沐歌工作服或印有四季沐歌商标的工具腰带。

③制定累积奖励计划：如推荐5台额外送工具箱，再推5台额外送手机。

④还可以召开全县的水电工年度大会，如当年为四季沐歌累计推荐25台产品的水电工，当场奖励摩托车（此消息亦可在会议召开前提前发布，以赢得即时销售）。

⑤在一个区域组织水电水暖工进行统一培训，并颁发"四季沐歌太阳能水电／水暖绿色安装认证证书"。此活动应配合水电工大会同时开展，能带来用户的水电工才可参加大会。

[案例] **河南Y县割草活动**

> 连我们的经销商韦老板自己都没有想到，在他的家乡——小小的Y县某镇，一天也能卖189台热水器。自从公司号召全国各地开展割草活动以来，韦经理就听说了很多传奇，但他自己始终不相信。在河南，我们已经是当地第一了。自己的总经销商在Y县很强势，销量一直都不错，自己再做割草活动或许没什么利益。然而，只是抱着试试的心态，他获得了成功。韦经理得意地说："哎呀，一天189台，我们比总经销还牛啊。"

[案例] **江西 N 市割草活动**

> 我们 N 市某镇赵经理在第一次割草活动中就尝到了甜头。于是，又趁热打铁，来到另一个村割草，这次他尽管只卖了 87 台，但收上来的钱却丝毫没有少，因为他卖的大都是我们的无氟飞天产品。众所周知，无氟飞天产品是高端产品，在江西地区一台要卖 8000 多元，利润也相对高些。同时，许多客户为了能尽早装上太阳能，都是一次性把全部购机款付清。老板娘坐在柜台旁一边开票，一边喜滋滋地说："这一天就收了几十万，我们还从没拿过这么多现金呢！"

乡镇割草模式的效果

乡镇割草的目的是激活经销商，帮助经销商做市场，提炼模式，教给我们的经销商如何做市场，尤其是第一场活动，我们带着经销商的员工去做，通过一两场活动，经销商队伍学会了，自己会复制了，我们就可以撤了。一个乡镇一年能搞两三次，一次最少能卖三五十台，多了上百台，一年也就够忙活的了。在有些乡镇，一年能做到提货一百多万元，就可以赚几十万。很多业务员最后自己回家当经销商去了，就是觉得赚钱太容易了。

过去的销售方式，是一台一台靠在店里坐着卖出去的。现在这种战术，一天就可以顶一年卖的，一天收的钱就顶一年收的了。所以，经销商的信心爆棚，一个影响另外一个。一开始我们绞尽脑汁招商，后来他们主动跑过来找我们。有时候我们半年搞一万多场活动，就这样，还是有很多经销商轮不到。经销商也知道搞活动就是给他送钱的，谁会拒绝钱呢？如果是一个很困难的市场，没有经销商做，没有关系，我们总代理和业务人员就在经销商专卖店门口要个地方，拉个电线出来，直接搞活动，直接预热，一天卖几十台，一台赚几百元，一天赚几万元。经销商开始抢着做活动。先把势造起来，抓住客户，然后再反向去招商，效果就会好很多。

〔案例〕**四季沐歌队伍里的"佐罗"**

在四季沐歌的经销商队伍里，湖北某县代理左老板夫妇可谓闻名遐迩，大家都戏称他们是"佐罗"夫妇！尽管他们并没有像佐罗那样劫富济贫，但他们拥有与佐罗一样的智慧和胆识。

2008年开春，四季沐歌全国割草行动拉开大幕，而左老板夫妇却毫无动静。一方面，他们不相信割草能够带来这么大的销量；另一方面，在当地做一场活动的费用实在太高了。公司业务经理告诉他们，公司的专业艺术团可以免费到他们县来演出，但夫妇俩还是因场地费用而犹豫不决。

为了打消南方经销商们的顾虑，公司特意在湖北武汉组织了一场导购员培训会。同时，公司决定给左老板一个特殊待遇，请他们夫妻俩一起去参加培训会，如果他们觉得没有收获，就给他报销来回路费。通过公司专业老师的讲解，加上割草成功的经销商现身说法，左老板夫妇学到了很多，思想也产生了很大的转变。

会后，他们就赶紧回县里说服分销商开展割草活动。为了抓住"五一"黄金周的好时机，他们同时说服泽林镇、太和镇两个分销商做活动，并承诺销量不佳就免费为分销商承担场地费。可是，一个镇有公司艺术团，另一个镇怎么办呢？夫妇俩决定，亲自上阵主持表演。左夫人提前打电话向艺术团的主持人请教，自己在家对着镜子练习了好几晚，活动当天做起了主持人。而左经理也充当起歌唱演员，连续唱了好几首歌。为了撑起2个小时的节目，夫妇俩把自己的孩子也拉了进来。他们的女儿在家看电视学舞蹈，为了早上6点赶到现场，前一天晚上把妆画好了才睡觉。想不到的是，这家人朴实而富有当地特色的表演受到了热烈的欢迎，两个镇"五一"一天的销量都突破了60台！

如今，左夫人的主持已经达到了专业水准，左老板的《爱拼才会赢》也成为当地的名曲，夫妇俩在公司的支持和自己的努力下，已经成功举办了十几场割草活动！……就这样，他们获得了分销商的信任，并打败了当地最强势的品牌，使四季沐歌成为该县最有影响力的太阳能品牌。

城乡联动模式

量变带来质变，短期内巨量的资源形成不对称的认知。

我们一直在思考：到底什么样的营销理念和营销方式能给经销商带来更大的价值？乡镇割草应该是真正接地气的、符合中国特色的、符合中国消费者心理的原创战术和营销理论。这些活动都是我们原创的，对我们中国的营销人员，贡献的全是原创的思想、原创的战术，真的希望对他们有帮助。事实也证明，我们的营销活动对很多相关行业的经销商，如家电行业的经销商影响很大，我们的促

第四章 营势就是建模式

销方式让他们觉得匪夷所思,他们学习我们,比如格力也学我们的这种做法,在我们操作的基础上加入一些创新的东西。

第一步割草以后,我们的经销商觉得一站一站地推动太辛苦了,他们问能不能搞一些大的活动、轰动性的活动,不能老在乡村把品牌造得很响,也要在城市里产生轰动的效应,尤其是地级城市,一天卖几千台才好呢。我们能够理解经销商这种急切的心情,也有相应的营销策略,即城乡联动。但是不能一口吃成胖子,这是一个循序渐进的过程,首先得有乡镇割草做基础,乡镇割草的关键要点和活动方法,是城乡联动的基础。所以,城乡联动是同时发动所有的乡镇经销商,在某一个时间点发起总攻。从每个作战单元来讲还是割草,但是唯一不同的是,这个乡镇在割草,别的乡镇也在割草,割草的主题是一致的,内容是一致的,促销的政策是一致的,时间是一致的,又采取统一的行动、统一的步骤、统一的声音、统一的口号。只有统一才能产生共振,才能放大效果,才有更大的冲击力和影响力。

〔案例〕

> 城乡联动搞得比较出色的是河南某县经销商霍老板。2011年,该县团队共召开了12场会议,举行了9场大型城乡联动,割草活动就更多了,收编竞争对手60家网点。2012年,该县团队举行了8场大型城乡联动,其国庆联动当天实现定机2 136台,收现金240多万!该团队曾在2012年3月创造了单月29场乡镇促销活动的记录。城乡联动在当地引起了轰动,有时候收的现金用麻袋装,因为钱太多了,要联系银行派人前来收现金。其中一天,霍老板卖了2 600多台,收现金500万元,晋级年度首位千万大商,仅用7个月时间便开创了河南千万大商历史。

市场做到这个程度，是很有意思的，很开心，成就感是极强的，令人终生难忘。有时，一天收上来的货款，很多人一辈子也没有见过。我们测试过，一个成年男性最多只能抱动280万元的现金。看到人躺在厚厚的一摞摞钱上面，这种照片是极有杀伤力的，尤其是现场的人。我们会组织观摩，让周边的经销商来观摩学习。观摩的经销商一看，深受触动，晚上管饭也不吃了，赶紧回家准备，也要搞城乡联动。在这种场合下，经销商和用户都没有了话语权，直接就被震撼到了，甚至都不敢讨价还价。

这种震撼的场面，对每个参与这个活动的经销商、业务人员、分销商留下的都是难以抹掉的印象，对我们的竞争对手的心理打击是难以估量的。当你还有可能追上竞争对手的时候，你会咬牙追，但是看到这种场面以后，他们就基本上完全放弃了，意志上就垮掉了。反而是我们的经销商信心爆棚，就跟打鸡血一样，战斗的欲望更强。提升信心最好的办法就是胜利，所以我们用事实、用震撼的场景向我们的客户、我们的消费者、我们的同行展示，这样就可实现事半功倍、不战而胜。

1. 城乡联动的12358模式

① 1个中心：打造利益共同体，统一思想，以活动为中心。

② 2个原则：主要依靠地方力量原则，各级渠道利益引导原则。

③ 3个要点：

三定（定政策、定目标、定考核）；

三分（费用分摊、利润分配、人员分工）；

三留（留下客户档案、留下选购标准、留下村网村代）。

④ 5个步骤：活动动员、活动筹备、活动预热、造势成交、后期跟踪。

⑤ 8项注意：利润分配、统计考核、档案搜集、专车接送、抽奖送礼、午餐宴请、后期回访、狙击竞品。

2. 城乡联动活动四大策略

（1）用足面子营销

活动预热到客户家，贴福字、送存折、建档案；回访邀请送礼包；活动日免费专车接送、火箭车开道、现场购机抽大奖、酒店招待，利用火爆、震撼的销售场面，让客户不但得实惠还赚足了面子，不买四季沐歌买什么？！

（2）借机发展村代

活动预热的同时发展意向村代（村级代理），活动前动员找客户，后期配合回访。联动活动当天请意向合作的人员到现场参观，看到强大阵容及火爆场面，他们无不惊叹，合作的积极性顿时高涨。

（3）建立客户档案

通过预热，建立乡镇村级客户档案数据库。谁家要装修、盖房、搬家、嫁娶，谁家什么时候要装太阳能，清清楚楚，把客户抓在手上，有的放矢，不断跟踪客户，经常更新档案。让分销商把摇钱树种在家里，坐在家里赚大钱。

（4）借事起势

通过联动活动改善网络经营状态，增加网络数量，增强渠道信心，极大提升四季沐歌品牌势，做到"借事做势"！

粮食换太阳能模式

⚙ 粮食换太阳能操作示意

根据收粮方式不同，分以下 4 种情况。

方式1　在收粮站收粮

针对这种情况，可直接在粮站旁边摆样机搞活动（见图4-2所示）。

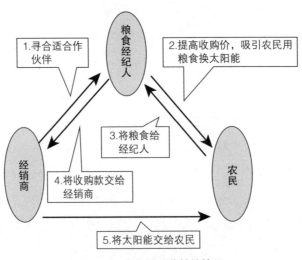

图 4-2　在收粮站收粮的情况

注：仅限于与农民所购太阳能等值的粮食，方能提高收购价。

方式2　粮食经纪人上门收粮

针对这种情况，要让经纪人成为太阳能业务员，在收粮的同时拿到太阳能销售订单（见图4-3所示）。

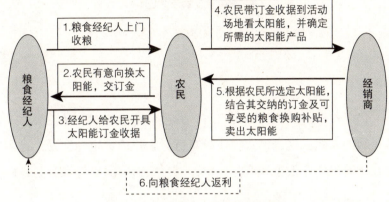

图4-3　粮食经纪人上门收粮的情况

有几点需要注意：（1）粮食经纪人在操作时必须说明全额付款买太阳能方能以高于市场价的价格进行粮食收购，而且仅限于与农民所购太阳能等值的粮食，方能提高收购价。（2）仅对粮食给予太阳能补贴，而且不直接给现金，而是给买太阳能的补贴收据。（3）粮食经纪人凭收据存单联到经销商处核对农民实际购买产品，获得返利。

方式3　粮食经纪人上门收粮并销售太阳能

粮食经纪人上门收粮时直接成功销售太阳能，将货款直接给经销商，经销商负责上门安装。

针对这种情况，需要对经纪人就产品价格表和产品性能等进行简单培训，同时给其配备相关资料。

方式4　经销商代为收粮

经销商按照低于市场价的价格与粮食经纪人结算，差额作为返利给粮食经纪人。针对这种情况，由于粮食成色的因素，经销商收粮时最好有经纪人陪同，或与经纪人保持良好关系。

会议营销模式

会议营销指寻找特定客户后,通过亲情服务和产品说明会来销售产品的方式。这一模式实质是对目标客户的锁定和开发,对客户全方位输出企业形象和产品知识,以专家顾问的身份对意向客户提供关怀和隐藏式销售。

活动优点

①不受天气影响,不受场地影响:在会议室做活动,刮风下雨都不怕。

②降低活动成本:与户外城乡联动相比,节省大量的户外布置类物料,人力大大减少,成本降低。

③易于成交:运用科普手段,充分展示公司实力和产品质量,让消费者明明白白,提高现场成交率,最多可达120%。

④封闭环境,信息不流失;不受竞品干扰。

⑤客户感觉有面子,容易拉人到场。

⑥工作人员工作量小,可以把更多的精力投放到预热中。

⑦势好造,星级酒店本身就是势,便于邀请有关部门领导。

执行要点

①选择3星级以上宾馆会议室。

②客户签到增加会议正式感。

③礼品堆放如山，来就送。

④茶水点心伺候，有面子。

⑤分区域入座，现场 PK 成交量。

⑥公益捐赠，大品牌。

⑦电视台现场报道，场面大。

⑧礼品多而全，让你心动。

⑨老用户展板挂墙上，有说服力。

⑩合影留念，以示尊重。

"村晚"模式

活动策略

①提前展销、预热到户：选择晚上人们聚集纳凉的地方提前 2 天把产品摆出来，预热的时间可以略微缩短，如一两天。

②找到村子的关键人：一定要找村里有影响力的人共同开展活动，由他出面组织团购，四季沐歌促销员作为配合讲解人员，以解决村民信任度的问题。

③老用户营销：重点回访老用户，由他出面介绍有效客户，利益挂钩刺激积极性。

活动优点

①投入少、资源占用少：村晚要求的人员数量、样机数量等都比较少，场地费用非常低甚至没有，而且充分利用了当地的村关键人、乡镇分销力量，因此投入较少，易于操作。

②活动操作短平快，避开正面纠缠：村级割草预热时间相对较短，因此能有效防止竞争对手跟进，避开了竞争对手的骚扰纠缠，提高成交率。

执行要点

①选择人流量大的活动地点。

②直接邀请客户到现场看产品。

③提前2天产品、赠品出样。

④放电影、发冷饮、送西瓜等都是聚集人气的好办法。

客户主动登记模式

企业可以通过客户主动登记积累信息，实现精准数据营销，将营销方式从"上门找生意"变为"生意找上门"，从而提高人员推广效率和产品成交率。

客户不愿登记的原因一般有以下几点：

①怕被骗。这就需要取得客户信任，方法有很多，例如可以联

系地方政府，由政府背书。

②怕骚扰。可以寻找关键人物，用亲情打动他。

③没好处。对客户可能获得的利益（或好处）广而告之。

归纳起来，可以用一个等式概括客户主动登记模式（DJ）：

用户主动登记 = 政府的信任背书 + 关键人的亲情呼唤
　　　　　　 + 商业的广而告之

客户主动登记模式可以分为四个步骤（见图4-5）。

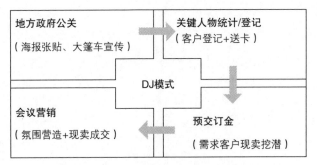

图4-5　客户主动登记模式的四个步骤

第一步　地方政府公关

①联络县节能办、乡村能源办、新能源商会、太阳能协会以及地方乡镇政府，做好沟通，形成地方红头文件或海报通知。

②由乡镇政府召集各村支书/村长开会，宣布全国乡村能源大普查的通知和方法；或带上红头文件，联系各村委会。

③在村头巷尾、公示栏张贴"通知"海报，同时大篷车（车体+广播）跟进宣传。

④村广播号召村民登记预热。

第二步　找到关键人和关键场所

①村委村支书/村长（会计、治保主任、妇女主任、计划生育

专员)。

②水电工(在变压器上留销售人员的电话)。

③学校老师请学生登记(同时鼓励教师做团购)。

④小卖店登记(可以先购买点牙刷、洗衣粉等物品,熟悉后再谈登记的事情)。

⑤工厂厂长做登记(同时鼓励做团购)。

⑥村卫生所医生。

⑦乡镇小型开发商(包工头)。

⑧招募兼职普查员(年轻有文化的妇女,按照信息条数付费)。

⑨四季沐歌老用户(上门回访,赠送礼品)。

第三步 预交订金

凡是交订金的消费者就送铁锅三件套和代金券,并参加抽奖。

第五章　营势与平台思维

　　造平台就是搭建一个交流、交互、交易的资源平台，让企业成为资源的枢纽，借助这个平台，唱好品牌的大戏。

　　企业竞争最终体现在平台的竞争上，不同平台对应不同的生态圈，其能量和价值是不一样的。一个品牌要想做强做大，必须不停地垒高自己的平台，为合作伙伴、客户、员工搭建一个充分展现能力的舞台，他们成长起来了，企业的平台也就水涨船高，品牌的梦想也就顺风顺水地实现了。

造平台就是打造生态圈

随着企业之间相互关联的加深，企业在市场中的竞争力不仅来自其产品、技术、管理等，更来自它所构成的平台。这就像你拥有了直升机，你还得拥有直升机的停机坪，还要申请航线一样，你得把整个的运作系统搭建好。一个企业拥有的平台资源越丰富，就越有竞争力。

点思维、线性思维和平台思维

企业经营者有三种思维方式。

一是点思维，思考问题从企业自身出发，主要从产品、质量、技术、管理等角度研究企业问题。

二是线性思维，思考问题跳出了企业自身，主要从企业与上下游供应链的关系思考问题。这种思维显然比前者进了一步。每一个企业都要设法成为供应链的主人，掌握了供应链就掌握了发展的主动权。一个企业如果做不了供应链的主人，就要设法成为供应链上一个重要的点，否则企业就会被边缘化，最后在竞争中被淘汰出局。

　　三是平台思维，思考问题从产业链扩展到产业平台，这是对线性思维的扩展，很多条线就组成一个网，不仅要考虑局部利益的最大化，更要从整个平台思考问题，追求总体利益的最大化。

　　以前我们的交易是点对点，就只是企业跟企业之间在相互做生意。比如，我要给10个供应商送货，每个供应商都有10个厂家。如果我都用自己的卡车来运送货物，那总共就要100趟。但是如果我们先把货拉到一个点，再从一个点拉出去，将带来什么好处？首先要明白的是"趟"对于企业来讲，是成本、速度和时间，比原先点对点的组织方式要强多了。

　　在常规情况下，当企业的投入不断增加时，单位投入的效益会下降，也就是边际效益递减。但在平台经济中，这一规律被改变了。当平台的规模不断扩大时，平台的力量越来越强，单位投入的效益不是递减而是递增（见图5-1）。这就是"马太效应"，即在竞争中具有优势的一方，它的优势会不断扩大，而不利的一方则更加不利。也就是人们常说的"富者越富，穷者越穷"。当一个平台占领市场，形成强大的平台效应后，其他同类平台的发展就会受到极大制约，很难与之竞争。

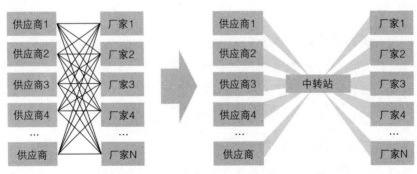

图5-1

第五章 营势与平台思维

新加坡是世界重要的海运中心，新加坡港的年吞吐量处于世界前列。每天，世界各地的货物在新加坡港汇集，经过重新分装后再运往世界各地。有不少从欧洲运往印度的货物，先送到新加坡港中转，然后再往回走送到印度。这样转运虽然增加了运送距离，但由于有规模效应，费用反而比直接从欧洲往印度运更低。马来西亚人看到邻国新加坡的港口这么兴旺，也想分一杯羹。他们在离新加坡港不远的地方也修建了一个很大的港口，各项设施世界一流，而收费却只有新加坡港的一半。本以为这样一来，新加坡港的很多业务会转移到马来西亚去，但实际情况并非如此。在马来西亚的港口建成后，新加坡的港口依然兴旺，那些走新加坡港口的货物，并未因为马来西亚港口的收费低就转移过去。

这是因为当今的世界海运构成了一个大平台，新加坡港是世界海运平台上一个重要的联结点，已通过物流把世界上的很多资源整合起来了。新加坡已经不再是一个点，而是一张网，而马来西亚的港口虽然设施很先进，收费也低，但还没有完全融入世界海运平台。如果货轮到马来西亚的港口卸货，虽然收费低廉，但所需时间较长，和世界其他港口的衔接相对较差，最终对货主来说还是得不偿失。所以，新加坡港利用自身的平台优势，成功应对了马来西亚港口的竞争。

"为什么从欧洲运往印度的货物，先送到新加坡港中转，然后再往回走送到印度，会比直接运输要快而且成本低呢？"答案就在于这个"网"。新加坡港以一个强大的枢纽平台，联系着世界上200家船运公司和123个国家的600个港口。它不仅沟通了人和人，还把各个经济活动、各种关系紧密结合起来了，把过去分散的点，变成一个有序的网，这是一个革命性的变化。

"今天的竞争已不是点与点的竞争，也不是单纯的线与线的竞争,而是一个平台与另一个平台之间的竞争。"有时一项决策,从点的思维看是正确的,但用平台思维思考就不正确。国内一些城市把国外的大型零售企业招到当地,让它们发展。这从招商引资的角度看,是一个成绩,当地多了一个企业,增加了地方经济的活力。但从平台思维的角度思考,这是十分错误的。这些零售业巨头占领市场后,就等于我们把中国企业的主导权拱手让给了他们。他们可以利用平台优势打压中国企业,赚取超额利润,这对中国的发展来说绝对是失策的。像日本、新加坡等国家,就非常注意这一点,他们着力发展自身的零售企业,不把宝贵的平台资源送人。

沃尔玛本来只是一家零售企业,其他企业负责生产,它负责销售,两者是对等的。但在它拥有强大的连锁网络平台后,生产企业就失去了和它对等谈判的权力。如果企业不和它合作,就无法进入它所控制的销售平台,也就无法进入市场;而如果和它合作,因为有很多竞争对手,企业只能获得最低利润。沃尔玛这种巨大的力量,就是平台的力量。

一家中国企业的老总找到世界最大的零售商沃尔玛公司,要求给自己的产品提价。他随身携带的资料表明,多年来企业卖给沃尔玛的产品几乎无利可图。

"这实在是太不公平了!他们赚着大把大把的利润,而我们却一直在为他们白白打工。我一定得让他们提价。"在走进沃尔玛总部大楼前,这位老总这样想着。他甚至决定,如果沃尔玛不答应提价,就以停止供货相威胁。

沃尔玛公司的一位采购经理接待了他。在弄清他的来意后,采购经理没有正面回答他。他从电脑中调出一份资料,让这位老总自己看。老总看了资料后,立即像泄了气的皮球。他头脑中所想的,再不是提价问题,而是变成了如何加强与沃尔玛合作的问题。因为他在资料上看到，一大群自己的竞争者正等着给沃尔玛供货呢！

这家中国企业和沃尔玛的关系，是一个点和一个网的关系。沃尔玛是一张网，中国这家企业只是这张网中很小的一个点，所以它在谈判中处于劣势地位。

点和网的竞争对比在互联网状态下更是表现得淋漓尽致。2012年的时候，天猫平台大概有50%的商家亏损或持平，到了2013年，这个数据上升到70%，越来越多的商户体验到了依附他人的被动与无奈。阿里巴巴向美国证券交易委员会提交的招股说明书中显示，2013年4—12月，阿里巴巴的营业收入为65亿美元，利润为28亿美元；而亚马逊在其20年的历史中，从未达到过这么高的净收益，2013年亚马逊从商品交易额744.5亿美元中收益2.74亿美元。阿里巴巴能够保持如此高的收益率，是因为它的生态系统的本质是构建在平台垄断的基础上，已经织成了一个巨大的网，牢牢黏住了数以万计的商户，把控住了他们流量入口的命门，由此为自己创造了超额利润。

互联网颠覆了整个传统零售行业，也造了今天的阿里帝国，建立起了用户—平台—商家之间的商业生态圈。阿里巴巴加速了中国互联网电商的进程，同时也逐渐放大了更加不平等的合作关系。

美国作家马克·莱文森（Marc Levinson）在《集装箱改变世界》一书中提到"一个冷冰冰的铝制或钢制大箱子"，之所以能够撬动全球物流供应链体系的变革，在于其背后的支撑是"一个高度自动化、低成本和低复杂度的货物运输系统"和社会化大分工。现代化的生产是建立在专业分工基础之上的，不同的企业之间按照产业链的位置和角色展开分工协作，有负责研发的，有负责生产的，也有负责销售的，还有负责原材料供应的，等等。同时，一个企业内部也可以包含很多平台，有产品的平台、技术的平台、渠道的平台、物流的平台,以及售后服务的平台,还有人才的平台,这是一个运营的生态系统。如果脱离了这些系统的资源,你就无法实现更大的发展。

〔案例〕**海尔的三化改革**

> 海尔早在1998年就提出了打造内部市场链,实际上就是建设内部生态圈。2014年张瑞敏提出"企业平台化、员工创客化、用户个性化"的三化改革,就是要打破企业内部堡垒,建立并联平台。比如以前海尔净水产业是围绕着产品转,为了卖净水机而卖净水机,但是谁需要这些产品,需要什么样的产品,并没有考虑清楚。现在通过线上线下交互,建立各方利益的平台,发掘用户的兴趣点和兴奋点,更有利于精准地进行服务和销售。
>
> 正式上线以来,海尔净水交互平台的用户流量实现了10倍速的增长。原来,企业就像一个个堡垒,现在网络化让企业没有了边界,外部资源都可以整合进来,这才是最重要的改变。

小米当初创业时,一缺资源,二缺品牌,三缺用户,在什么优势都没有的时候,就必须构建自己的核心竞争优势。小米在不靠硬件赚钱的模式上发展自己的手机品牌,借助软硬件一体化,以及移动互联网混合的模式顺势将其他手机厂商屏蔽在外。小米手机系统MIUI最大的优势是外部的关联公司,通过与这些关联公司的服务对接,就有了其他手机厂商都不具有的优势,就可以形成一个以手机为纽带的移动互联网帝国。

早在小米成立初期,雷军就强调打造一个完整的生态系统。可以说,小米此前两年"软件+互联网+手机"的布局已经为其找到了新的发展路线，那就是建立起围绕小米的生态系统。

小米布局了从硬件设计、软件开发、电商运营到客户服务、周边产品等一条很长的链条，同时小米还建成了6大仓储中心、18家顶尖水准的小米之家旗舰店、436家维修网点，售后、物流体系也变得更加完善。与苹果不同的是，小米并非围绕硬件赢利进行运营布局，而是由硬件延展向软件、服务赢利，这也是小米宣称的"不追究依赖硬件利润"的发展方向。

比如小米电商可以拓展基于族群的生活方式产品，开始有越来越多的大品牌找到小米，愿意合作针对米粉的定制产品。比如瑞士军刀生产商威戈（Wenger）就推出了一款价格为399元的"小米＆威戈跨界背包"，米粉节期间特价99元，基本属于倒贴卖，但之所以愿意承担，威戈更看重的是小米所聚集的粉丝族群。又如米兔玩偶，这是件非功能化的商品，但米粉节当天就售出了17万只（2012年全年卖出了50多万只）。

今天的竞争已不再局限在产品、价格、渠道和传播层面的竞争，本质上是整个平台的竞争。平台思维是一个开放、交互、扁平、以消费为导向的思维。平台思维有什么特征呢？

第一个特征就是协同，网络自组织，自我协调发展。

第二个特征是共享。我们今天讲交互、口碑、价值、乐趣、体验，这一切东西都在于共享，包括信息的共享、利益的共享、价值的共享和资源的共享。

第三个特征是无边界整合。整合代表跨界、包容，就是把看似不在一起的东西整合到一起；把那些碎片化的东西、开放式的东西，做到最大程度的包容，以最小的成本、最优的方式实现整合效率的最大化，围绕着如何构建平台打造核心竞争力。在这个过程中，对这个理念的理解决定了你到底能够走多远。

营势关键点：

今天的竞争已不再局限在产品、价格、渠道和传播层面的竞争，本质上是整个平台的竞争。平台思维是一个开放、交互、扁平、以消费为导向的思维。

〔案例〕做电视而非做电视机

> 康佳打造中国首个智能电视互联网运营平台，由两个核心组成，一个叫易终端，一个叫易平台，简称为"1+1"战略。易终端指的是极致易用的电视智能终端，家庭互联易控中心；易平台指的是开放易享的智能电视互联网运营。易平台是易终端的聚合化、平台化和网络化，这个平台是康佳这个企业的未来，也是康佳未来最核心的产品。
>
> 康佳易平台是一个完全开放式的平台，即对内容和应用供应商的纵向开放，以及对同行之间互通的横向开放。
>
> 在纵向开放方面，易平台是一个信息再生的平台，通过易平台上用户的交互信息，可以进行数据分析和整合，进行信息再生，从而开拓新的产品功能、应用内容和商业模式，形成上下游产业的利益共同体。
>
> 在横向开放方面，通过对电视产业的整体把握，推动行业互联互通标准的建立，进而扫除藩篱和障碍，打造一个更便捷、更迅速、更强大的操作平台，使它成为一个内容和应用最为丰富的集散地和价值增加高地。
>
> 康佳不再是做电视机的，而是做电视的。这是对互联网战略转型的一个直观表达。康佳将从两个方面全面提升"做电视"的能力：

第五章 营势与平台思维

> 第一，康佳将停止非智能电视和不能上网电视的开发和推广，加大智能电视的推广力度，提升智能电视的销售规模，激活新的用户，在两年内将活跃用户提升到数千万级的目标和水平上。
>
> 第二，寻找合作伙伴，强化专业方向，实现平台的专业化运营。康佳将针对视频内容、游戏、教育、健康、广告、购物等专业方向，通过寻求专业的合作伙伴，整合资源共同开发，最终实现智能电视互联网运营平台化。寻求多角度、多维度的合作，是推动这个行业发展最好的办法。如康佳与国内视频网站第一品牌优酷进行战略合作，双方的跨界联姻，通过共同深度研发、开放内容平台、软硬件深度融合，为亿万家庭提供极致视频体验。

与康佳多角度、多维度的内容整合相似，万达集团致力于打造城市商业区的一站式生活圈，从住宅地产到商业、到服务、到旅游、到文化，万达每一次都走在行业前面。如今的万达，发明了有中国特色的商业地产发展模式：综合体发展模式。

〔案例〕**万达的4代产品**

> 万达向商业地产转型始于2002年，十余年来，万达不断创新，推出了4代产品：
>
> 第一代产品是"单体店"。万达通过引进沃尔玛等主力店入驻，进而拉动小商铺的售价而获利。
>
> 第二代产品是"商业组合体"。万达以6～8家主力店为

> 小商铺营造出浓郁的商业氛围。
>
> 第三代产品是"城市综合体"。万达通过出售"城市综合体"里的住宅、写字楼快速回笼资金，商铺、酒店只租不卖，用来抵押以获得银行贷款。
>
> 第四代产品是"万达城"。"万达城"不仅包含"城市综合体"的业态，还包括主题公园、步行街、旅游经典、演艺舞台等功能。此时万达的身份不再是单纯的商业地产开发商，而是一个类似于城市经营者的角色，构建了人与环境、人与城市、人与商业之间消费、娱乐、交流的综合体和平台。

在电子商务领域，阿里巴巴以 B2B 业务为切入点，通过横向一体化战略和纵向一体化战略的结合，构筑了 B2B、C2C、软件服务、在线支付、搜索引擎、网络广告等六大业务领域的平台，全面覆盖中小企业电子商务化的各大环节。正是在精确切入点的基础上，以阿里巴巴为代表的创新性平台，以其创造力不断推进商业平台的内涵延伸，构建了属于自己的商业帝国。

2012 年 7 月，阿里巴巴集团再次动刀，宣布将原有六大子公司重新调整，变为淘宝、一淘、天猫、聚划算、阿里国际业务、阿里小企业业务和阿里云七大事业群，又称阿里"七剑"。阿里巴巴新"七剑"的亮相，意味着各平台间体系化的贯通，阿里电商平台已初步成形，同时也标志着中国电子商务体系的升级。

作为电商平台，生态环境是至关重要的，从早期的 B2B 平台阿里巴巴，到 C2C 平台淘宝，到支付平台支付宝，到阿里金融平台，到广告平台阿里妈妈，到阿里多年一直在筹建的物流，这一个个的平台正在慢慢地实现马云描述的阿里生态圈。

营销 3.0 与经营生态

在每一次行业大跨步发展过程中，既有一批大型企业沉没，也有一批企业新贵崛起。而企业新贵的突起，依赖的不仅仅是创新的营销模式，更为关键的是还要运用"泛营销"的思维模型思考问题。泛营销就是"营销 3.0"，即"走进市场与消费者零距离，拉近合作伙伴与产业链零距离，借助社会资源与社会零距离，联合政府机构与政策零距离"。这就是我们对"营销 3.0"的解读。

什么叫营销 3.0？首先要了解营销 1.0。企业在营销 1.0 这个阶段以满足消费者需求为核心，通过提供产品、价格、服务等赢得消费者的信赖，从而维系自身的发展。营销 1.0 重点是经营产品与服务，实际上是点的思维。

其次是营销 2.0。这个阶段企业立足于整个产业链中的某个位置，通过业务关系进一步打通下游渠道、上游供应链，本着分工合作的原则，把经销商维护好、把合作伙伴经营好，而不是在整个产业链上都由自己亲自经营。如果撇开上下游的合作伙伴，自己独立去经营，容易顾此失彼，很难让消费者感到满意。所以，营销 2.0 是链条式思维，是解决如何建立与合作伙伴的良好互动，去满足他们的需求。

当企业经营好产品，满足了消费者需求，拥有了渠道和供应商的良好关系，剩下的第三层关系就变得非常重要，但却常常被企业忽略，这就是营销 3.0 理念——经营好企业与社会公众、媒体和政府等公共资源的关系。这些看似和企业没有直接交易关系的群体，他们表面上不是企业的供应商，也不是消费者，他们是企业营销活动的旁观者，但在某种程度上他们对企业的经营活动有着很大的影响力，所以营销 3.0 是要解决更大系统的生态问题。消费者是一个单独的生态系统,合作伙伴也是一个生态系统,而包括政府、公众、媒体在内的社会资源就是一个大型的开放平台。这些和产品没有直接关系的人,他们平时不关心这个企业,可一旦有了突发事件,起决定性作用的往往是这些人。

企业里的每个人都在做营销,只是层面不一样。一线营销人员在做营销1.0,营销管理者在做营销2.0,高层决策人员在做营销3.0。营销理念从1.0到3.0可以通过一个同心圆来表示(见图5-2)。

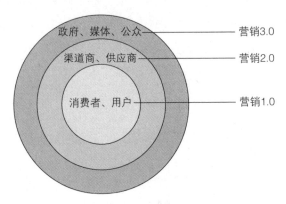

图5-2 不同营销理念之间的关系

第一圈层是消费者,企业可以通过产品、技术和服务来满足消费。随着市场竞争的不断加剧,以消费者为中心的产品时代被以渠道为中心的产业链时代所取代。第二圈层是合作伙伴,包括经销商、供应商、员工,甚至股东他们存在的实际上是一个利益机制的问题,或者说利益分配的问题。此时,企业要做的就是:为客户提供有价值的服务,实现可持续发展、成长;为经销商搭建一个学习的平台,使得经销商与公司一道同进步、共成长。如我们推出"我要上北大"计划,就是通过设立北京大学研修班和经销商商学院,推行"家文化"提高经销商的归属感,实施股票奖励政策,给经销商创造更大的成长空间,最终形成厂商牢不可破的命运共同体。

营势关键点：

营销 3.0 的理念，就是经营好企业与社会公众、媒体和政府等公共资源的关系。

今天的企业竞争已经不只是产品的竞争，其本质是产业链的竞争。企业要想更好地发展，要有共赢的开拓创新意识，主动融入到更大、更广的社会化平台中去，营造健康的产业平台，形成自己独特的竞争优势。因此，第三圈层是更大范围的社会公众、媒体、政府等公共资源，他们大多和企业没有直接的利益关系，一般不存在企业给他们分配利益的问题，取得他们的信任靠的是企业的社会责任，包括税收、提供就业机会、带动当地经济的发展、提升城市形象等。

从封闭向开放转变，将企业内外部联通，面向未来经营客户一体化，要从开放平台、资源平台里做文章、要效益。营销 3.0 实际上是平台思维，是借助平台的打造提高自身的生存能力，在更高、更开放的平台上整合社会资源，除了经营好客户、合作伙伴，还要经营好社会口碑，而品牌的社会口碑离不开企业自身的价值观、理念和文化，离不开对社会的责任贡献，这是一个企业能否真正做大的关键。

经营品牌的三张"嘴"

企业的发展一般都会经历初创、成长、成熟、衰退四个时期，而企业的品牌就像是浓烈的白酒，其价值是靠时间沉淀出来的。如何沉淀品牌，如何使企业的品牌受人尊重呢？

企业所生产出的产品最终消费的一定是少数人，看似与消费无关的社会公众才是多数人。做营销不能只把眼睛盯在掏钱的消费者身上，还要对那些潜在的消费者给予充分的关注。营造良好的企业生存环境非常重要，脱离了社会这个大环境，企业就是孤立的，企业不是一个乌托邦，必须和社会打交道。

经营企业就是经营企业的生态环境，一个企业生态环境的打造可以用品牌的"品"字来解释。

我们对品牌的理解源于"品"字由三张口组成（见图5-3），三张口是代表三个口碑。第一张口也是最重要的口就是消费者口碑，金杯、银杯不如消费者口碑。消费者对眼前事物一开始可能不太了解，企业掌握的信息更全面一些，我们利用信息不对称性在很多方面暂时凌驾于消费者之上，消费者最终一定会在这个过程中慢慢觉醒起来。

图5-3 "品"字的三张口

第二张口是来自合作伙伴的口，既包括上游供应链，也包括我们的下游经销商。如何使经销商、供应商认同你的企业，与企业一起发展？只有创造性地提供有价值的服务，来满足我们的客户或者不断地帮助我们客户成功，才能使企业成功。没有合作伙伴的成功，就不会有企业的成功。

第三张口就是与企业没有直接关联的群体，比如说社会公众、媒体或政府。一个品牌不能脱离社会而存在，这个过程中如果企业主动承担自己的社会责任，就能够赢得社会、公众和媒体的认可。有了这三个方面的认可，品牌建设才是完整的，否则这个品牌是有缺陷的，是不会长远的。经营品牌就是经营口碑，品牌恰恰是通过经营这三张口做出来的。

经营好公众的口碑是通过社会责任体现出来的，一个企业只有把公众装在心中，才能被社会所认同。对待社会责任的态度，反映了一个企业的品牌文化是什么样的。我们从创立之初就把关爱和责任注入品牌 DNA 里面去了，这种关爱和责任渗透到每个人日常的行为当中，已经成了我们的一种本能、一种文化了。所以当灾难发生的时候，我们很多员工自发募捐，把身上所有的钱都捐了。我们有一个员工，捐款之后第二天我们看他吃饭的钱都没有了，当时问他，他说当时连想都没有想，就是觉得应该捐给灾区。

企业经营社会口碑有很多种方式，如支持公益事业、保护生态环境、投身新农村建设等，其中支持大学生创业是一种长期回报社会的行为。正如 IBM 的前 CEO 郭士纳所说，仅仅捐钱是不够的，企业的资源、管理方法和其他商业技能所能带给社会的甚至比金钱更重要。比如四季沐歌联手团中央启动的"阳光创业"，就是一种经营口碑、造福社会的公益之举。

微创业平台

目前大学生就业难已经成为一个重大的社会问题，主要原因是大学生没有工作经历，很多企业不愿意花成本培养。我们积极配合团中央，为大学生们提供了一个实现他们价值的创业舞台。我们这么做，旨在为全国万名大学生提供就业择业的岗位，锻炼大学生的意志力、创新力和职业精神，也为企业和社会储备、培养更多的优秀人才，可谓是一举多赢。

2013年号称史上最难就业季，全国普通高校毕业生规模达到699万，招聘岗位数同比下降15%。为缓解就业压力，增加就业岗位是当务之急，我们提供近万个大学生暑期社会实践岗位，通过个人积分与就业机会的双向联动，顺利实现大学生从校园到职场、从就业到创业的完美蜕变。

借助这个微创业平台，这些家境穷困的大学生掌握了基本的就业择业技能，还获得了宝贵的人生财富。一是可以通过参与我们的活动，参与我们的市场销售赚取实习工资；二是在实习的过程中对做人做事的基本态度、基本的职业规范有了清晰的认识，为今后自己创业增添了砝码。比如通过销售产品获得三四千块钱的收入，干两个月挣六七千块钱就够下半学期的学费了，做得优秀的还可以尝试做当地的代理商、经销商，甚至是开设自己的公司。此外，我们还动员经销商在这个过程中做一些义卖的活动，把这个公益活动传承下去。

通过我们搭建的这样一个平台，这些大学生接受了我们现代营销的理念，而且他寒假可以来，暑假又可以来，他自己可以来，也可以拉着同学来，这里成了他们勤工俭学的基地。在这个舞台上，他们接受了现代职场的教育，又接受了公益实践的教育，以至于很多人赚了钱以后会帮助更穷的人，使他们非常有成就感，因为这个成就是靠他自己的努力获取的，他不会觉得被施舍，他是靠自己的汗水和业绩、靠自己的拼搏争取来的，所以他得到了尊重。这是一个可持续的人才公益接力计划。做得很好的毕业后去创业了，因为这个行业非常好，是一个环保的产业，很贴近他的生活。乡村的青年，他们能吃苦，又有知识，这都是我们需要的。所以，这是一个很好的项目，我们一直持续做，我们也因此获得了很好的社会口碑。

第五章 营势与平台思维

这是一个可持续的过程,这些大学生觉得很有成就感,能发挥他们的长项,他们学习东西快,又熟悉当地的情况。南方很多地方,我们的人去了以后当地的方言都听不懂,他们去了以后却如鱼得水,他们对谁家什么情况都很清楚,而且很多人愿意通过这种方式帮助他们,这是一种大家都受益的方式。

在此过程中,还要利用当地的渠道,建立一个长期的帮扶机制,既给他们提供就业的机会,通过工作实现自力更生,赚人生的第一桶金,同时又能够帮助他们继续学业。两者结合在一起,既给他鱼吃,又教给他打鱼的方法,能够持续获得鱼。通过这种方式,构建我们社会的品牌。

我们还联手团中央,为返乡的农民工等提供培训和就业机会(详见第二章)。

这些公益行为,实际上不但是企业在做,我们的经销商也自发在做,他们也深深感知到企业的责任。他们通过这种方式在当地既赚了钱,拓展了市场,同时还赢得了尊重。其实人心是向善的,经销商帮助了贫困的学生,他们也很有成就感,尤其是他们自己也是当地人。说句实在话,乡里乡亲的,真让他们无偿支持,也很有限。关键是他们本身也缺人手,通过以上公益行动,既解决了他们人手不足的问题,解决了他们市场的问题,解决了他们发展的问题,同时他们脸上又特别有光,特别有成就感。借助这样的平台,企业在当地的知名度也很好,这些人愿意到企业里来做,多方面的需求联系了起来。每到暑假、寒假,这些学生都来,对于一个在县城的经销商来说,找大学生来打工,没有钱做平台、做支撑是难以想象的。所以,我们的经销商在这个过程中也感受到了品牌的文化和力量,我们希望他们把公益的火种一直传递下去,做可持续的公益事业。

"乡镇综合体"平台

中国有两千多个县，三万多个乡镇，七十万个行政村，这是未来最大的潜力市场。随着城镇化步伐的加快和新农村建设越来越受到重视，乡镇市场的消费潜力逐步释放出来，体验式消费、一站式购物将是三、四级市场主要的发展趋势，满足一站式购物的乡镇综合店将会成为新的业务增长点。在互联网大背景下，传统经销商开始谋求"经营模式"的转型升级，大家都将精力放到了乡镇市场上。

美的集团近期提出建设4000家旗舰店计划，90%将建在县域市场，而县级市场是国美、苏宁等大连锁企业最薄弱的环节，也是电商最薄弱的环节，美的恰好是捏到了大连锁企业和电商的软肋。

美的集团4000家旗舰店战略背后是中国家电产业新一轮的渠道革命，而旗舰店作为美的推动传统经销商转型升级的平台和手段，承担起整个企业在互联网时代探索渠道转型的重任。除商品零售外，美的旗舰店还承担售后服务、电商配送、产品陈列、协调经销商、促销员培训等一系列复杂而细致的工作，以及会员交互平台等诸多重要职能，最终成为"四位一体"新平台。

对于美的这样以传统家电产品为主的企业，在加速拥抱互联网的同时，重新定义旗舰店的功能和价值的意义更为重大。在美的的主打产品中，空调、热水器、净水器、抽油烟机都需要售后人员上门安装调试，而这类产品在线上销售的比例较低，即使线上销售后还需要就近安排专业技术人员上门服务。旗舰店既是在终端的销售店，又可以充当线下展示店，同时还是线上销售的当地服务点，体现出多重角色的功能。

在乡镇市场的争夺中，另一家电巨头海尔则率先布局。从2010年下半年开始，海尔电器就积极进行"服务商"的战略转型，打造一个"虚实网结合的营销模式及通路"。海尔搭建了三张网，即"销售到村"的营销网、"送货到门"的物流网、"服务到户"的服务网。其背后是海尔在全国42个大城市都有DC库（直接中心库），有2000多个县级配送站、7.3万个村级联络站、4300多家星级售后服务网点，确保能在24小时送货到终端用户手中。

太阳能行业，乡镇综合体存在着广大的市场空间，四季沐歌很早就布局三、四级市场，至今已有近2000家一级经销商和2万多家二级经销商遍布全国大部分乡镇，具备了抢滩城镇化的先决条件。产品方面，四季沐歌拥有满足热水、采暖、净水、厨电等需求的多样化产品和部品，可以满足城镇家庭一站式选购的需求。

目前公司正逐步推进乡镇综合店建设，已经建立了一套终端信息化系统，连接起每个终端店面，建立起了基于乡镇市场快捷完备的信息化平台：针对普通大众人群，以普通热水、取暖、家居小电器为主销，主打实惠实用；针对新居人群，以配套性产品和系列套餐为主销，主打新标准、新时尚；以品质型产品、品牌化标配产品和增值性服务，来满足向城市看齐的需求。

通过这样一个稳定的乡镇综合体平台，提供统一的品牌营销和服务：分销商专注于渠道开发、物流配送、订单处理、销售预测、渠道维护、客情关系建设等，公司则可以在平台上开展市场规划、政策制定、产品开发、评估督导、销售培训等不同的专业职能，与分销商形成一种互补效应，进而发展成为一种事业同盟关系。借助这个平台，可以获取一线市场信息、用户需求信息，从而指导新产品开发，不断完善产品和营销服务支持，确保市场经营的持续健康发展。

　　以三、四级市场为主体，根据经销商自身资源和能力，重新定义经销商业务类型和发展方向：如果某个经销商的导购能力强、终端形象好、服务口碑佳，则着重向直销零售型客户发展；如果某个经销商的网络开发好、分销管理顺、关系维护强，则侧重于向分销管理型发展；如果某个经销商的人脉关系广、公关交际强、融资途径多，则侧重于向资源整合型发展。这样根据能力和资源定位经销商，就可以最大化发挥经销商特长，体现专业化运营效率，同时又能规避市场风险，确保市场资源的合理化使用。过去我们依靠"规模前提下产业链打通"的竞争优势，今后将不断扩大多业务高效协同的平台型发展模式，紧紧抓住互联网提供的巨大机遇，注重商业模式的创新，搭建好物流、安装、设计及售后服务的资源平台，形成厂商之间牢不可破的命运共同体。

社区O2O平台

　　相对于乡镇综合体平台，城市市场的重要抓手就是经营社区。社区，就是多数人聚集的居民小区。社区服务从有社区开始就已存在，只是早期的社区服务水平与现在的不可同日而语。随着互联网和电商的发展，O2O出现了，O2O即"Online to Offline"，通俗地说就是线上来揽客，线下来消费。"社区O2O"是指通过网络将居民线上与线下之间、实体店与实体店之间进行无缝衔接,更好地服务居民的社区生活,比如餐饮、健身、看电影和演出、美容美发等。当O2O遇上社区服务,这个行业终于等到了爆发的前夜。

社区营销"钱景"一片光明,也是未来的发展方向,越来越多的企业用户逐渐加大网络社区营销的投入,诸如百度、中国雅虎、腾讯等互联网领袖企业。

〔案例〕

> 京东与山西太原唐久便利店达成O2O合作,随后在太原市迎泽区新推"1小时达"服务。在9—18时的时间段内,用户只需满足39元免运费的前提,在网页上选择符合"1小时送达"的商品,即可在当日1小时内收货。
>
> "1小时达"为电商界首创,京东与唐久公司通过打通双方后台信息系统进行供应链整合,由京东负责提供线上技术,在用户下单后按照地图坐标进行预分拣,再由唐久本地的物流网络负责配送服务,这样就能保证用户下单后可在1小时内收货。
>
> 未来5年,京东O2O将在20余个城市实现"10分钟送达"。此次京东与唐久的合作被业界看作是未来京东O2O路线的样本。

作为直接销售渠道的一种,社区O2O的最大优势是直面消费者,甚至是落实到每一个具体的消费者身上,其零层级、快速响应的特点将会给营销格局带来巨大变革,可为居民提供各种生活服务,解决"最后100米"的问题。

营势关键点：

社区O2O的最大优势是直面消费者，甚至是落实到每一个具体的消费者身上，其零层级、快速响应的特点将会给营销格局带来巨大变革，可为居民提供各种生活服务，解决"最后100米"的问题。

近几年，社区O2O运作比较具有代表性的有美乐乐家具网、齐家网及建材资讯宝O2O平台。其中，美乐乐家具网和齐家网是以自营为主，类似于京东商城；而建材资讯宝O2O平台则是免费开放的，类似于淘宝。O2O模式基于线下体验中心与线上销售的新模式，通过"网购平台"+"实体体验店"+"客服支持中心"三大系统结合，成功地解决了电子商务在卫浴行业的平台、物流、终端售后服务这三大短板。

过去装饰公司、建材企业都是采取"守株待兔"的方式，在店面等待客户，在展会等待客户，在酒店组织活动请客户上门洽谈，这些都是被动营销。如今搜房网的"进社区"就是变被动为主动，把产品送到客户家门口，贴近与消费者的距离。如今升级成为业主与装饰公司、建材公司互动的促销信息发布、设计招标发布平台，在行业内是一个创举。很多以性价比为优势的大品牌，都希望通过搜房网与终端实现无缝对接，进而取得消费者的信赖。

随着移动互联网功能的日渐强大，消费者的消费习惯正在逐渐转变，利用实体资源，通过O2O模式，打通线上线下渠道，开展全渠道全方位营销，并在会员体系的基础上实现精准营销已成为趋势。目前，四季沐歌已经建立起线上线下融合的"O2O"模式，打通了包括供应商信息、商品信息、渠道信息、行业信息在内的运营通道，构建了线上筛选商品、线下比较体验消费、在线支付的系统开放的平台，以天猫旗舰店、苏宁易购、京东商城、齐家网等为依托，逐步构建了太阳能热水器行业的首张"天罗地网"。

〔案例〕**四季沐歌的 O2O 业务模式**

> 四季沐歌"O2O"率先在北京试水。2013 年 11 月 11 日（光棍节）当天，四季沐歌天猫旗舰店就实现了 100 多台的销售。与此同时，"O2O"业务模式陆续在北京、武汉、上海、浙江、广州等地开展。消费者通过从网上商城下订单，随后四季沐歌天猫旗舰店客服将消费者信息及时发送给离消费者最近的线下实体店，然后由实体店向消费者提供产品服务，这就是一整套的 O2O 电子商务平台的流程。
>
> 仅 3 个月的时间，四季沐歌北京地区的线上销量勇夺行业第一；首次尝试参加齐家网 O2O 线上线下互动，短短两天刷新同行业同类活动销量峰值！ 2013 年下半年销售比 2012 全年销售翻两番！

广东海印集团股份有限公司，以打造广州本地生活服务首选品牌为目标在广州耕耘超过 20 年，横跨多种品类和业态，贴近消费者日常消费的方方面面，商户超过一万家，年交易额过百亿，在当地积累了很好的口碑，已经具备了丰富的线下资源。

〔案例〕

> 海印集团成立了专门的 O2O 运营事业部，整合了信息部、招商部、财务部等部分资源，分别从后台技术系统、数据分析、商户管理、精准营销、现金流管理等方面把控 O2O 战略，公司

希望未来能将生活圈逐步扩展至珠三角及周边地区，融入更多的商品品类和商家类型。

"海印生活圈"是公司计划打造的一个集人流、车流、商流、资金流、信息流、物流为一体的线上线下整合的大平台，将在移动互联领域进行深入合作及探索。公司旗下经营了20余家专业市场、购物中心、奥特莱斯，由于专业性和面向人群不同，鲜有交互。通过O2O模式，利用商户的实体资源，打通线上线下渠道；立足于海印会员体系，进行全渠道全方位精准营销。今后在海印体系内的消费（包括购物、餐饮、休闲、酒店住宿，甚至包括购买海印的地产产品），都将累计积分。目前公司已经开通了与民生银行的积分通兑，未来有望通过异业联盟，通过进一步引入银行、保险、小额贷款、教育培训等外部资源，提升平台价值，利用互联网的思维和O2O平台推动线下商业物业转型升级，实现线下物业从简单粗放的出租服务向精细化服务与运营转变。

"城市热水银行"平台

2010年起，太阳能市场呈现由"单机销售"向城市"系统工程"转型之势，乡村太阳能市场增速放缓，行业开始由"民用向工农业、低温向中高温、家用向工程、热水向热采暖"的演进。"城市热水银行"战略正是在这样的大背景下出炉的,瞄准的是工程市场万亿的产业。

"城市热水银行"简单地用9个字概括一下,就叫"新城市、新能源、新价值"。我们开始从太阳能热水器制造工厂向太阳能热水、热能综合解决方案的服务商转变,让工程商从卖热水器的老板升级成为卖热水解决方案的热水银行行长,从今天的一千万级向几千万甚至上亿规模跨越。一时间转型当行长、升级卖热水成为工程商新的事业蓝图和梦想。

市场不同,产品不同,卖法也不用。所谓"城市热水银行",就是我们使用的生活热水,也能享有银行式服务,不仅具有账户管理、消费信贷功能,还能实现市场化与生态化的有机结合,让城市更加低碳环保。之所以叫"银行",主要是因为这项业务的商业模式与热水器不同:太阳能热水工程需要一次性大投入,收益则是细水长流,逐年收回,它意味着热水业务也可以像高速公路收费站一样一直收过路费,也可以像移动公司收电话费一样赚钱。因此,开始的大投入需要金融介入,使用BOT(建设、运营、转让)、EMC(合同能源管理)、物业托管等多种经营模式。这时候厂家就好像一家银行,帮客户融了一笔长期贷款,客户再逐年还本付息。

从卖热水器到卖热水,从卖产品赚钱到销售热水、热能赢利,四季沐歌开创了行业"一站式热水系统解决方案"服务模式,推动了太阳能建筑节能应用的创新升级。比如,在太阳能热水工程的建设或改造初期即引入"经纪业务"模式,太阳能企业既是设备提供商也是工程投资商;还可以引入"消费信贷"模式、设备分期付款模式和长年太阳能远程热水托管服务模式。

营势关键点：

从卖热水器到卖热水，从卖产品赚钱到销售热水、热能赢利，我们开创了行业"一站式热水系统解决方案"服务模式，推动了太阳能建筑节能应用的创新升级。

一个宾馆的需求和一个学校的需求不一样，一个啤酒厂和一个印染厂的应用也不一样。因此，我们组建了完全独立的商用太阳能公司，目前商用市场已经占到公司整体销售收入的 20% 左右，有一些项目已经成为样板工程：北京某汽车发动机公司 80 吨的项目，苏南某印染厂 500 吨的项目，河北经贸大学 2 万吨跨季节蓄热的项目，等等。

[案例] 河北经贸大学的跨季节蓄热项目

> 2013 年，我们在河北经贸大学所实施的 2 万吨跨季节蓄热采暖项目，是为 3 万名学生提供一年四季的热水及冬季采暖。该项目可以实现太阳能采暖、热水用能数据的动态跟踪，以及二氧化碳减排量的实时监测。所谓跨季节，就是在非采暖季，利用太阳能收集热量储存到水箱中，等到采暖季时，再通过换热提取水箱中的热量，对学校的教学楼、宿舍楼等建筑进行供暖，并为在校师生提供生活热水。
>
> 这个投资总额几亿元的项目，校方有需求，但拿不出资金。钱从哪里来？借鉴其他行业的经验，我们与项目建设方合作引入了 BOT 商业模式：项目大部分资金由银行和投资公司提供，我们负责项目建设和维护，并按热水、热能的使用量，向学生和实际消费者收费，然后向银行和投资公司偿还贷款和利息。在这种商业模式中，四季沐歌不再是卖设备的供应商，而是服务提供商。

为丰富"城市热水银行"平台化运营，我们不断完善了远程控制系统这一智能化管理平台，将太阳能数据采集、分析及系统自动、人工管理融为一体，使用户能够即时了解到太阳能热水系统的运行情况及数据，现场可视化监控，并且根据用户群不同的使用差异对使用对象设置不同的级别控制。此外，还将物联网技术应用到太阳能热水器上，推出了全球首台物联网太阳能热水器，用户可以通过手机短信的方式直接与产品对话，实时了解水温、容量等情况。通过现代信息技术与清洁能源的整合，开启了热水热能低碳化、信息化发展的新思维。

2012年12月5日，首家"城市热水银行"落户武汉，涵盖销售服务、展示体验、接待咨询、培训科普、远程信息等五大功能，为城市提供一站式服务。这标志着"城市热水银行"承担了新能源科普的职责，成为传播太阳能新技术的前沿阵地。包括设计院以及很多甲方、企事业单位的管理者在内，他们对这种太阳能新型应用技术并不了解，也没有办法像一个普通产品搬到专卖店里去，所以说需要一个沟通的平台、一个培训的平台、一个示范的平台，"城市热水银行"就是实现这个蓝图的范本。

"城市热水银行"瞄准的不仅仅是城市工程市场，还有可持续的热水增值服务，以及建筑节能单位之间的合作平台，真正实现太阳能节能建筑市场化与生态化的完美对接。以我们援建汶川"太阳能热利用工程"为例，远程控制中心可以实时接收、处理各项数据，监测各个终端传感器节能数据和二氧化碳减排量等数据，并且可以远程查询、修改系统运行参数及诊断系统故障，实时控制太阳能系统的运行，实时采写数据。

"城市热水银行"提供了一个对外展示、交流、培训的平台。我们的客户、设计方、装饰公司、供应商、节能服务公司可以展开交互、交流，将产品的集群、解决方案的集群上升到一个应用技术的、示范的、体验的平台。这个平台还有建筑师的俱乐部、家装团体的俱乐部，还有很多相关行业关注者构成的群体和社区，以及个性化消费的社区等。这些人都可以在这个"城市热水银行"战略平台上组建成一个面向个体、面向城市、面向未来的共同体。

所以，"城市热水银行"可以是一个产品，可以是一个解决方案，可以是一个平台，可以是需要解决能源的社区，也可以像网络一样共享一些东西，这几个部分构成了我们为城市提供新能源的设想和战略。

平台化运营，做品牌运营商

传统的产品销售是做生意，而品牌运营则是做事业。简单地说，品牌运营商全权负责品牌推广、形象宣传、渠道规划以及客户维护等业务。以前的销售商相当于拿着小米加步枪去打仗，而品牌运营商则是一个系统化、多兵种的协同作战平台，可以整合来自各个方面的渠道资源、供应商资源等。

营势关键点：

品牌运营商是一个系统化、多兵种的协同作战平台，可以整合来自各个方面的渠道资源、供应商资源等。

作为从传统销售商一步步成长起来的品牌运营商,浙江商源集团已经成为一个商业平台。在这个平台上,浙江商源集团与上游厂家、下游经销商结成了牢固的利益共同体,开启了平台化的品牌运营模式。商源的优势在于对渠道的运营,主要是基于它对餐饮渠道的强控制力。传统经销商拥有渠道资源、了解区域市场,但缺乏长远规划,没有自己的品牌,也没有系统的市场运营套路。而商源则是采取与产品生产方、经销商和终端合作的态势,既承担品牌的市场拓展和日常经营的重任,又拥有极强的市场反应能力和渠道控制力。

这种模式带来了更多的市场机会。商源与不同厂商建立了不同的合作模式:对于大品牌,做代理赚差价,或者发掘某个产品,打造成拥有独立知识产权的自有品牌,摆脱传统经销商被产品控制的命运;对于拥有好产品但营销力量薄弱的小品牌,商源作为销售公司,全权负责市场营销。除此之外,商源还通过合资、贴牌、包销、参股等多种方式,介入到上游企业的经营中,经营模式正日益丰富和完善起来。

商源开始有意识地选择与一些理念相通、目标一致的经销商合作。通常采用与外地经销商合资成立有限公司的形式,商源注入资本,跟进管理,配套服务。由于合作经销商更了解当地市场情况,所以公司仍由其主导经营,商源将企划、培训、信息等资源与之共享,除了财务监督外,很少干涉当地经销商的经营。

五粮液之所以能成为中国的"酒王",品牌运营的贡献功不可没,金六福、浏阳河、五粮醇……都是通过品牌运营模式发展起来的。由五粮液集团牵头组织,国内23家白酒龙头经销商结成品牌运营联盟。这是国内第一个白酒品牌运营平台,年销售总额超过200亿元。以往只是"搬运工"角色的经销商摇身一变成为知名白酒企业的战略合作伙伴，他们不仅是"卖酒的"，更成为品牌的维护者、传播者和运营者。

华泽集团作为酒水品牌运营商，没有生产过一瓶白酒，却拥有金六福、六福人家、开口笑等十几个全国和区域性白酒品牌，强大的分销能力和独树一帜的品牌运营能力才是金六福、六福人家这样的"经销商品牌"获得成功的原因。作为五粮液的品牌代理商，华泽集团也会主动利用各种资源，自己出资加强五粮液品牌的传播，尤其是品牌的终端生动化传播和品牌的口碑传播，从而拉动产品销量快速提升。

这是一个多元化、个性化的时代，一招鲜无法吃遍天，无论是苹果，还是小米，都是这样的类型。企业就像人一样，万金油算不上优秀，有能力去整合资源为我所用，这才是优秀的企业，确切地说是一个优秀的平台型企业。

相比之下，成熟的家电连锁企业则积极构建互联网趋势下品牌运营的新平台，比如苏宁云商本质上就是个交易平台，承载了众多国内外家电品牌的零售、服务和促销推广；再比如格力本身就是个品牌制造和研发平台，借助这个平台发布产品、输出品牌，所以很多经销商跟着格力走。

海尔 30 年来的高速增长被国内外视为奇迹，被选入哈佛 MBA 案例库。那么它的主要竞争力体现在哪里呢？

与中国其他企业相比，海尔在全球范围内整合资源，搭建起了国际化的信息设计网络、分供方网络、制造网络、物流配送网络、支付网络、营销网络等。海尔把整合进来的网络变成网络集成，集成的核心是海尔品牌。

第一，海尔在全球主要经济区域搭建了有竞争力的贸易网络、设计网络、制造网络、营销与服务网络。

第二，海尔以信息流为中心带动企业业务流程再造的革命获得成功，使海尔赢得了在新经济时代生存的主动权。

第三，形成"三位一体"（即设计、生产、营销）的本土化经营模式，通过融资、融智和融文化，创出本土化的名牌。

第四，国际化分供方参与海尔产品设计，大大提高了海尔产品的国际竞争力。海尔还注重为其本身的全球战略培养国际化人才。

对平台型企业来讲，产研能力只是其中的一个基础环节，可以自己完成，也完全可以通过多种方式诸如 OEM（定点生产）、资本并购等方式来实现。如果一种产品，OEM 比自己制造还要省钱，那为何一定要选择不经济的路径呢？一项技术，如果可以通过资本的纽带为我所用，又何必非要自己苦苦研发而坐失市场良机呢？

从 2013 年率先实施"大光热战略"开始，围绕着打通"产业边界和商业价值"，四季沐歌已不再是一家制造企业，而是转型成为一个品牌化的运营平台，类似于现在苏宁、国美的角色。在这个大平台上，我们打通阳光、空气、水这三个人们生活必需的基本要素，有人承担我们的制造、有人承担我们的物流、有人承担我们的服务。借助乡镇综合体的运营平台，以多样化的产品继续扎根乡镇乡村市场，进一步拓展三四级市场的消费潜力；借助城市社区的运营平台，以系统化的部品实现城市家庭一站式购物，在多个价值点上提升品牌的综合竞争力；借助城市热水银行的运营平台，实现商用热水、净水的系统化、集成化解决方案，进而塑造城市品牌高端形象，形成一个涵盖城市和乡村的综合性产品、部品、解决方案的平台。

这个平台已经打破了企业和企业，行业和行业，产业和产业的边界，从一个品类、一个行业，到打造一个生态圈，这不是一次普通的革命，而是一次颠覆。随着产业的融合发展，生产率和产业竞争力不断提升，传统的产业边界将被打破，传统的商业模式也将被颠覆。过去我们提供给消费者的是产品和服务,现在我们提供给消费者的则是价值和体验;过去我们靠"规模前提下打通产业链"获得竞争优势,今后就要依靠多业务高效协同的平台型发展模式。这必将整合更多的资源、承载更多的理念、积淀更多的文化。

营势关键点:

过去我们提供给消费者的是产品和服务,现在我们提供给消费者的则是价值和体验;过去我们靠"规模前提下打通产业链"获得竞争优势,今后就要依靠多业务高效协同的平台型发展模式。这必将整合更多的资源、承载更多的理念、积淀更多的文化。

结语　营势是一个开放的体系

互联网已经渗透到我们生活的每一个领域，从三五岁的小朋友到七八十岁的老人都在用网络，2014年中国网民的规模已经达到6.32亿，位居全球第一，越来越多的人开始习惯于网上交流、工作、娱乐、购物。网络带来了一个更加开放、更加多元、更为紧密的地球村。在这个日益开放融合的平台上，大家都面临着相同的机会和挑战，每个人都可能成为马云，每个品牌都有可能成为苹果。但无论谁将成为幸运者，都必须顺应时代发展的大势，准确把握社会发展的脉搏，秉持开放互通的心态，方能准确判断台风什么时候会来，找到台风口在哪里并及时赶到，只有这样才可能成为台风口下那只幸运的猪。

互联网时代，看得见的问题并不可怕，看不见的问题才可怕；看得见的对手不可怕，看不见的对手才真正有威胁。未来颠覆我们的竞争对手，很可能来自于毫不相关的新兴领域，例如小米、SKG等，他们才是值得我们倾力关注的。如果不关注这些变化，我们将对来自其他领域的打劫猝不及防，甚至还不知道自己是被谁替代掉的。在新技术、新模式快速迭代的今天，即使历尽艰辛成长为参天大树，也都面临被后来者颠覆的可能。雕爷牛腩、黄太吉们，这些在餐饮行业掀起轩然大波的后来者，都不是原来行业内的人，而是来自于行业之外。

如今的互联网已经不是单打独斗的时代，要想占据一席之地，就必须融入一个开放共享、分工合作的生态圈。在这个生态圈里，分享和交换自己的资源，搭建合作的桥梁，轻松实现由一个量级到另一个量级的快速跃迁。未来的营销生态肯定是多样化、无边界的，不同的商业模式和交易平台也会共存。这些来自供应链、大数据、快速物流、金融平台等的资源，好比是企业成长的土壤，网络上的用户流量好比是阳光雨露，信息流就像空气一样不可或缺，这些流量和信息使得企业生态得以维系，品牌才能够在生态圈里更加茁壮和健康地成长。

　　如今交易额100亿美元的小米要想实现1000亿美元的交易额，必须不断积累自己的粉丝，构筑自己的新媒体营销矩阵，由此才能累积势能，带来并激活大量的活跃用户。传统营销思维下，品牌价值的积累要经过涓涓细流才能汇集成大江大河。今天将引来滚雪球模式，品牌的价值就像滚雪球，在雪地上越滚越大，关键是企业要确保自己在雪地里。在互联网、大数据等新的生存环境下，新思想、新模式层出不穷，更多的小米还将不断涌现，营势理念也将不断升级与发展，以适应不断变化的新环境。营势本身就是一个持续发展的开放体系，伴随着实践的发展，营势理论也将与时俱进和不断升级。如果你能在有没有台风到来的情况下，都可以做到把企业的事情变为社会大众的事情，那还有什么不能做到？还有什么资源不能整合的呢？

附录　品牌营势体系

在十几年的顺势、谋势、造势实践中，我们摸索、积淀、总结出了具有自身品牌特色的营势理论体系，成为指导品牌发展壮大、可持续发展的智慧成果和知识系统。

1. 在势与营势问题上

认为势既是一种可利用的外部资源，又是一种巨大的社会能量；既表现为一种社会大趋势，又体现了自身的优势。营势既是立足于传统营销，又是对传统营销某个方面的极限升级和突破。营势集中解决两大问题，其一是解决消费认知问题，即通过聚焦资源，在短期内将营销效果最大化，实现对既有认知的颠覆；其二是通过极限营销降低成本，解决后来者快速上位和品牌迅速崛起的问题。

2. 在可持续发展问题上

认为企业存在的目的就是创造并保留有价值的客户，经营"势"就是经营人心，就是经营客户对企业的信念，因此就必须坚持向客户提供有价值的服务。这是解决企业可持续发展的根本之道，也是打造永久客户的本质所在。

3. 在发展理念问题上

创造性地提炼出"无边界创新整合"理念：凡是有利于产业发展的技术理论和制造资源，凡是有利于产业推广的商业模式，凡是有利于产业可持续发展的文化理念，都可以兼收并蓄、为我所用。实践证明，"无边界创新整合"理念使得四季沐歌踏上了速度冲击规模的快速发展之路，在社会层面上增加了品牌的知名度，在产业层面上拓展了企业的生态圈，带来了企业规模和利润的双扩张，集团案例入选中央电视台及中国传媒大学合编的《中国优秀企业案例库》。

4. 在营销的本质问题上

认为营销的本质问题就是营势，营势就是要秉持"泛营销"思维构建外部生态圈，并全面阐释"营销3.0"，即走进市场与消费者零距离、拉进合作伙伴与产业链零距离、借助社会资源与社会零距离、联合政府机构与政策零距离。"营销3.0"将消费者小生态、合作伙伴生态圈，以及政府、媒体、公众在内的社会开放大平台有机融合在一起。营势就是要面向未来经营客户一体化，编织更大、更开放的社会生态圈，在更高、更开放的平台上整合社会资源。这是一个企业能否真正做强做大的秘诀所在，也是打造品牌核心竞争力的关键所在。

5. 在商业模式创新上

首次提出了"城市热水银行"的全新运营理念，强调用金融的思维卖热水、卖服务，打造了一个对外展示、交流、培训、交互的平台。围绕这个平台，形成了一个面向城市、面向客户、面向关联方、面向未来的利益共同体。它不仅仅是一个新能源的解决方案，也是一个资源交互的平台和社区，承载了四季沐歌为城市提供新能源服务的战略蓝图。"城市热水银行"推动了热水运营、渠道运营、品牌运营三位一体的"系统解决方案"的创新升级,并在实践中摸索出了诸如长年热水托管服务、设备分期付款服务、能源合同管理(EMC)、项目BOT建设等先进的模式,引领产业由卖机器到卖热水、卖能源、卖服务的营销思维大跨步。

6. 在品牌力塑造上

认为营势就是品牌能位不断拉升的过程,品牌所处的位置越高,品牌势能越大,转化的市场动能就越大,就能比其他品牌的产品卖得多、卖得快、卖得贵、卖得久!品牌借助"势",就能成为客户心灵货架里的优先选择权,借助"势"用价格筛选符合自己标准的客户。一旦积累了强大的势,就能在抵御激烈竞争中起到关键性的作用,就可以演变成品牌的市场动能,犹如滚石下坡,势如破竹!在多年的营销中,四季沐歌始终坚持以科技营势、公益营势、体育营势、铁路营势为创新着力点,行业内率先开启"跨界营势"的先河,为品牌的发展注入强劲"创新芯"。

7. 在产品力打造上

认为世上没有卖不出去的产品,只有卖不出去产品的人,与其说缺卖货的方法,倒不如说缺卖货的理念,缺乏营造产品热销的"势"。良好的产品体验本身就是势,坚持以需求为导向推动科技创新的步伐,通过整合物联网、互联网、移动终端等的前瞻性应用,不断加入时尚流行元素和功能,通过持续的消费痛点挖掘,营造差异化的消费体验,点燃消费者心中的欲望,撩拨他们内心的那块"痒痒肉"。同时,产品组合也体现为一种"势",能带来不一样的销售效果;卖明星产品必须有绿叶产品,有赚钱的产品就必须有跑量的产品，有体现档次的产品就应该有特价吸引眼珠的产品，要靠族群阵容带动销量的势！

8. 在渠道发展模式上

坚持渠道建设的决心十年不变、百年不动摇，致力于构建零售、批发、工程三位一体的新型渠道格局：以城市热水展示中心代表品牌的高度，以乡镇分销代表分销的广度，以村点直销代表渠道的深度。同时，以提升渠道竞争力为基本点，以强化渠道战斗力为核心点，打造扁平化的二级网络，迅速推动渠道下沉；坚持乡镇分销模式、村代深度模式，创新集镇分销模式，持续推动网点进村、进社区、进学校等终端销售点；积极探索基于社区O2O模式的营销新平台，借助开辟电商等新渠道，编织了品牌的"天罗地网"。

9. 在终端促销活动上

认为品牌的生命在于活动，市场业绩在于折腾；强调只有不断地制造事端、引起轰动，才能把对手折腾下去，把品牌和销量都折腾上去！我们吸收并借鉴毛泽东军事思想精髓，开创了独特的乡镇割草模式，建立起面向乡镇市场最大化覆盖的"势"；借助城乡联动，开创了一个又一个壮观场面的"势"；通过百台巡展活动，实现了极致营销、快速凝聚分销商的"势"；借助品牌互联、现场演示、村晚活动等，赚取了广大消费者口碑的"势"。此外，结合实际需求积极摸索出小麦换太阳能、煤炭换太阳能等实物营势模式，以及真空管煮蛋、硬币砸真空管的演示营势模式等，用实际行动诠释了"无边界创新整合"理念，在促进销售的同时，快速改变了消费者对品牌的认知，快速提升了品牌美誉度。

10. 在营销组织与团队建设上

认为企业销售额的增长必须伴随组织的成长，有多大的团队就能做成多大的生意，品牌竞争实质是一个团队与另外一个团队的幕后较量。对于个人，选择比努力更重要、态度比经验更重要、平台比能力更重要。团队业绩好只是成功的一个必要条件，管理者还要实现模式创新、人才梯队培养和品牌增值，主动担当越多，未来机会就越大。同时，强调团队管理重在调动士气、营造氛围、创造满意，不同的阶段，体现不同的团队管理方式，确保团队始终保持危机感、紧迫感，始终保持临战的状态。为此，我们创新性地组建全行业第一个军事化营销学院，并凝练形成了独特的冠军文化和冠军精神。在经销商的团队建设上，强调能快速适应市场变化、主动跟进企业变化、主动进化的经销商，才可能成为永久经销商，才能实现厂商关系由利益共同体到事业共同体，最后结成牢固的命运共同体。

致谢

感谢多年来征战在市场一线的四季沐歌营销团队和后勤团队，感谢你们多年来勤勤恳恳，转战各地，为四季沐歌营销事业付出的辛勤汗水！感谢你们为这本书提供了最为宝贵的营销案例和鲜活素材，为书籍的出版贡献了集体智慧和智力支持！

感谢在书籍编写过程中给予指导建言、无私关怀的各位专家老师！尤其感谢江长海先生、李明老师、吴兴老师，感谢你们的中肯建议和鲜明观点！感谢张庆虎先生对本书素材的整理工作！

感谢我的爱人阎山芳女士和可爱的女儿，是你们给了我默默的支持，给了我最无私的爱和无穷的精神动力！

最后，由于时间比较仓促，我对营势这个原创理论的认知理解水平有限，谨以此抛砖引玉，希望各位老师、各位专家、各位读者朋友积极建言，将营势这一开放的理论体系继续完善和发扬光大，拙著难免出现观点和认知上的偏颇，希望大家批评指正！